Peter Hahne
Was wirklich zählt

Peter Hahne

Was wirklich zählt

Ullstein

Besuchen Sie uns im Internet:
www.ullstein-taschenbuch.de

Originalausgabe im Ullstein Taschenbuch
1. Auflage Oktober 2011
© BILD am SONNTAG, Hamburg, und
Ullstein Buchverlage GmbH, Berlin 2011
Umschlaggestaltung: Buch und Werbung, Berlin
Titelabbildung: dpa
Satz: LVD GmbH, Berlin
Gesetzt aus der Sabon
Papier: Munken Print Cream von
Arctic Paper Mochenwangen GmbH
Druck und Bindearbeiten: CPI – Ebner & Spiegel, Ulm
Printed in Germany
ISBN 978-3-548-37420-8

Inhalt

Ein Wort zu Beginn   11

Es gibt keine Welt ohne Leid, Tod und Teufel   13

Was es braucht   16

Benötigen wir Gott, um uns die Welt zu erklären?   18

Haben wir ein Berlin-Problem?   20

Über die Kantine im Bundestag und den
    Polizisten vor der Tür   23

Warum darf es in Berlin keinen Reagan-Platz
    geben?   25

Die Frauenquote widerspricht der Frauen-
    förderung   27

Welcher Sinn verbirgt sich hinter dem Burka-
    Verbot im Bürgeramt?   29

Über »Ehrenmorde« und unsere Mitschuld
    in Worten und Gedanken   31

Wie können wir verhindern, dass in unserem
    Land ein Parallelstaat entsteht?   33

Über Islamisten aus Deutschland   35

Soll man für Taliban beten?   37

Über die Schlacht um Begriffe und Beträge   39

Und wieder müssen wir uns fragen: Welches
    Wesen ist der Mensch?   41

Absolut sicher ist wohl nur die Unbelehrbarkeit
des Menschen 43

Über »German Egoismus« und japanischen
Heldenmut 45

Über Helden im Alltag und die Gesellschaft
der Wegseher 47

»Du« ist der dämliche Bruder von »Sie« 49

Über den Unsinn der Uhrenumstellung und den
Wert der Zeit 51

Darf Tierliebe wirklich 7000 Euro kosten? 53

Macht endlich Schluss mit der »Kultur des
Bettelns«! 55

Sollen unsere Reichen auch die Hälfte spenden
wie Gates & Co.? 57

Ist der Unterricht für unsere Lehrer nur
störende Unterbrechung ihrer Freizeit? 59

Über Gedichte und das Auswendiglernen 61

Rettet das Bet-Verbot für Muslime wirklich
den Schulfrieden? 63

Sind türkische Schulen bei uns schon der
Untergang des Abendlandes? 65

Die Politiker, die keine Ahnung von Problem-
stadtteilen haben, haben selbst ein Problem 67

Die neue Sozialdebatte aus der Hauptstadt:
Polemik oder Wahrheit? 69

Sind unsere Schüler zu dumm für eine Lehrstelle? 71

Warum bilden unsere Universitäten so viele
Fachidioten aus? 73

Die reale Welt siegt über die virtuelle 75

Über eine Politik, die Banken rettet und bei
den Kindern spart 77

Über misshandelte Kinder, unfähige Eltern
und eine gleichgültige Gesellschaft 79

Ist es in Ordnung, wenn Rentnerproteste
lauter sind als Kindergeschrei? 81

Die Jugend von heute ist ein Vorbild für die
Generation von gestern 83

Ist die Rente mit 67 eine Chance? 85

Das Abenteuer Auswandern und der Exodus
der besten Köpfe 87

Über Fahrverbot für Alte und Senioren auf
dem Abstellgleis 89

Wer hilft mir beim Kampf gegen die Angst
vor dem Alter? 91

Die Kraft der Osterbotschaft 93

Meine Osterhoffnung: Dass meine Mutter
den Kampf um ihr Leben gewinnt! 95

Weil Gott nicht überall gleichzeitig sein kann,
schuf er die Mutter 97

Damals: Muttertag 1996 99

Why Oettinger must not shame for his
Spätzle-English 102

Macht mich Hochdeutsch zum Weltmann
und Dialekt zum Provinzler? 104

Hat Gabriels SMS an Frau Merkel die Kultur
der Kurznachricht verändert? 106

Über digitales Geschwätz und den Wert realer
  Freundschaft   108

Über starke Männer und ihre verheimlichten
  Schwächen   110

Respekt vor dem Politiker, der stark in seiner
  Schwäche ist   112

Darf der Mensch sich töten?   114

Moralische Appelle helfen nicht gegen
  heimliche Ängste   117

Über eine Verfügung für Patienten und unsere
  Verantwortung für Würde im Sterben   119

Über die Praxis der Korruption in den Praxen
  unserer Ärzte   121

Über einen Arzt im Rollstuhl und ein Schicksal,
  das Mut macht   123

Meine Begegnung mit Samuel: Ja, er kann es
  schaffen!   125

Sollen sich die Gefängnistore für 160 Schwerverbrecher früher öffnen?   128

Bei Triebtätern muss Sicherheit vor Freiheit gelten 130

Weder Schutz noch Datenschutz für
  Kinderschänder!   132

Ist Haft wie Urlaub und Kino im Knast wirklich
  ein Skandal?   134

Über 150 Jahre Haft in den USA und lebens-
  längliche Strafen von unseren Richtern   136

Über 1,30 Euro und (k)ein Urteil im Namen
  des Volkes   138

Über geklaute Maultaschen, falsche Empörung
und richtige Urteile   140

Über den Diebstahl als Regelfall und den
Anstand als Ausnahme   142

Ist Fremdgehen ein Kündigungsgrund?   144

Schämen ist besser als vergessen   146

Über Danken und Gedenken   149

Brauchen wir wirklich einen Sonntag, um an
unsere Toten zu denken?   151

Über Geld als Geschenk und den Bankrott
des Weihnachtsgefühls   153

Haben Sie heute schon die erste Kerze
angezündet?   155

Über sinnlosen Stress in besinnlichen Tagen   157

Was bleibt vom Fest, wenn der letzte Plätzchen-
teller leer ist?   159

Ein Wort zu Beginn

Was wirklich zählt – diesen Titel habe ich für die aktuelle Sammlung meiner Betrachtungen zu Zeitfragen ganz bewusst gewählt, denn um uns herum wandelt sich die Welt in einem nahezu atemberaubenden Tempo. Orientierung tut daher not, besonders aber Besinnung auf das Wesentliche. Denn mitnichten bedeuten sämtliche Neuerungen und politischen Entwicklungen, alle aufkommenden gesellschaftlichen Trends und Moden zwangsläufig auch einen menschlichen Fortschritt. Im Gegenteil!

Ich fürchte, wir machen uns arm, wenn wir den reichen Schatz guter Traditionen einfach über Bord werfen. Respekt und Redlichkeit, Anstand und Nächstenliebe, Toleranz im Umgang miteinander und Akzeptanz von Standpunkten, Achtung vor Schöpfung und Lebensrechten – all das sind und bleiben Grundwerte, für die es sich im praktischen Alltag einzutreten lohnt. Vorbilder sind gefragt, keine Vorschriften.

Diesem Anliegen dient auch dieses Buch, das auf ausgewählten und neu durchgesehenen Texten meiner *Gedanken am Sonntag* basiert, die als Kolumne regelmäßig in der »BILD am SONNTAG« erscheinen.

Über uns, Gott und die Welt ein bisschen intensiver nachzudenken, ist sicher nicht verkehrt. Und dazu möchte ich Sie mit diesem Band ganz herzlich einladen.

Es gibt keine Welt ohne Leid, Tod und Teufel

Man kann, man will es nicht fassen, was sich im Jugendlager auf Utöya abgespielt hat, denn es hätten unsere Kinder sein können, die dort ihre Ferien verbringen. Warum musste das passieren? Gab es denn nichts und niemanden, der dem Wahnsinn widerstehen konnte?

Das ist das Dilemma, ein weiterer Aspekt des Dramas von Norwegen: Man kann kein Terrornetzwerk, kein organisiertes Verbrechen verantwortlich machen, wie es selbsternannte Experten vorschnell versuchten. Gegen solch verblendete Einzeltäter sind wir machtlos, die können uns überall begegnen. Diese Ohnmacht ist es, die uns ratlos und hilflos zurücklässt.

Soll man seine Kinder jetzt von Ferienlagern abmelden?

Dann dürfen sie auch nicht mehr ins Freibad, denn auch dort kann ein Irrer sein teuflisches Werk ausführen.

Sollen wir beim Berlin-Besuch auf einen Abstecher zum Reichstag verzichten, weil Terrorwarnung besteht? Sind wir etwa beim Einkaufen auf dem Kurfürstendamm oder im Hauptbahnhof sicherer? Sind wir überhaupt irgendwo sicher?

Oslo gibt, und das ist die traurige Realität, die eindeutige Antwort auf diese Frage: Totale Sicherheit ohne Risiko gibt es nicht. Das klingt hart, aber ist wahr. Solange ich am normalen Leben teilnehme, kann ich mich vor Angriff und Anschlag nicht völlig schützen.

Wenn Kinder elend in deutschen Familien verhungern, kann man Eltern bestrafen, Gesetze verschärfen oder zum Hinsehen mahnen. Kinderschänder kann man wegsperren, Alkoholikern den Führerschein entziehen oder an Unfallschwerpunkten eine Ampel installieren. Doch in Norwegen hätte nichts geholfen; kein Gesetz und keine Vorsichtsmaßnahme. Niemandem in Politik und Gesellschaft kann man Versäumnisse vorwerfen.

Ich muss an die Flugzeugkatastrophe von Ramstein im Jahr 1988 denken, als während einer Luftschau 70 Menschen starben und über 1000 schwer verletzt wurden. Menschliches Versagen eines einzelnen Piloten war die Ursache der Tragödie.

Der damalige Ministerpräsident Bernhard Vogel hielt die Traueransprache und stellte die Frage, die viele Menschen insgeheim bewegte: »Kann man jetzt noch an Gott glauben?« Und er gab fast trotzig und doch tröstend die Antwort: »Wenn es Gott nicht gibt, dann endet unsere Hoffnung an unseren Grenzen.«

Und wir alle wissen, wie eng unsere Grenzen sind, wo wir eben nicht mehr handeln und nichts mehr erklären können. Wo einem das Wort im Halse steckenbleibt und es keine Patentantworten gibt. Wo man weint und schweigt und hofft, dass sich irgendwann ein Sinn erschließt. »Gott wird abwischen alle Tränen«, heißt es im letzten Kapitel der Bibel über eine neue Welt ohne Leid, Tod und Terror.

Das Vertrauen auf die göttliche Allmacht der Liebe hilft in unserer menschlichen Ohnmacht, mit solch ungelösten Fragen leben zu können. Allein schaffen wir es nicht. Wir brauchen aber Hoffnung, sonst bleibt nur noch Verzweiflung. Und die sollte angesichts des Schreckens nicht das letzte Wort haben. Sonst hätte der Teufel gesiegt.

Was es braucht

»Und wo bleibt das Positive, Herr Kästner?« Diese Frage an den berühmten Schriftsteller ist schon fast ein geflügeltes Wort. Für einen Nachrichtenmann ist es die häufigste Kritik in der Zuschauerpost. Die Leute vermissen die gute Nachricht, wollen nicht immer über Krisen, Kriege und Katastrophen informiert werden.

Doch was ist eine gute Nachricht?

Wenn ich am Ende der »heute«-Sendung sagte, wenigstens das Wetter sei toll, weil pure Sonne vorhergesagt wurde, rief anschließend prompt der Bauernverband an. Es sei unerhört, die trockenheißen Sommertage als etwas Positives zu verkaufen, schließlich warte die Landwirtschaft dringend auf Regen.

Schlechte Aussichten für gute Nachrichten!

In Umfragen äußern sich die meisten unzufrieden über Politik und Wirtschaft, über ihre persönliche Situation und die Zukunft im Allgemeinen. Dabei sprudelt es nur so von Erfolgsnachrichten. Die Arbeitslosigkeit ist so niedrig wie seit fast einem Jahrzehnt nicht mehr, der Export boomt, deutsche Autos werden in Rekordzahl verkauft, die Unternehmer haken die Krise bereits ab, und die Konjunktur brummt.

Warum gefallen wir uns dennoch im Meckern und Mosern?

Jammern bleibt Lieblingssport der Deutschen, der Export-Europameister ist Weltmeister im Wehklagen. Als trügen wir ein geheimnisvolles Negativ-Gen in uns, sehen wir das Glas Wasser immer nur halb leer, statt optimistisch halb voll.

Wir scheinen immun gegen das Positive und gefallen uns im Selbstmitleid. »Deutsche fühlen sich gern schlecht«, beklagte Präsidentschaftskandidat Joachim Gauck und prangerte unsere »Verdruss-Süchtigkeit« an. Der neue Bundespräsident Christian Wulff sprach gleich in seiner ersten Rede von einem »wunderbaren Land voller Erfolgsgeschichten, für das es sich zu engagieren lohnt«. Diese Mahnungen gehen uns alle an. Mutmacher statt Miesmacher brauchen wir, Hoffnungs- statt Bedenkenträger, eine Kultur der Zuversicht statt des Jammerns.

Benötigen wir Gott, um uns die Welt zu erklären?

Ist Gott überflüssig? Ja, gibt es Gott überhaupt? Mit seiner These, das Universum sei von selbst und ohne Gott entstanden, erregt der weltbekannte britische Astrophysiker Stephen Hawking Aufsehen.

Können Christen und Juden jetzt ihre Glaubensbekenntnisse vergessen? Schließlich hat der durch ein ALS-Nervenleiden gelähmte Professor genau das in seinem jüngsten Buch »Der große Entwurf – Eine neue Erklärung des Universums« zu beweisen versucht, was ohnehin landläufige Meinung ist: Glaube und Wissen passen nicht zusammen, in das Weltbild moderner Naturwissenschaften gehört kein Gott, »der alles so herrlich regieret«, was er einst geschaffen hat. Kann man das alte Kirchenlied, das Christen seit 1680 singen, also getrost vergessen, weil es mittelalterlichen Mythen entstammt?

Ich finde es spannend, dass in einer Welt schneller Schlagzeilen und schriller Skandale die Frage nach Gott im Universum ernsthaft und tiefgründig diskutiert wird.

Kaum hat nämlich Stephen Hawking seine These vom überflüssigen Schöpfergott veröffentlicht, melden sich renommierte Naturwissenschaftler in Zeitungskommentaren mit Gegenargumenten. Es gibt eben Grundsatzfragen, die das Wesentliche erfassen und nicht an der Oberfläche von Modetrends und Umfragedaten bleiben.

Der bekannte Oxforder Mathematiker John Lennox antwortete seinem Professoren-Kollegen, die Naturgesetze ermöglichten keine vollständige Erklärung des Kosmos und schlössen einen Gott keineswegs aus. Wenn der Astrophysiker Hawking nun behauptet, das Universum sei durch die Existenz von Schwerkraft zwangsläufig entstanden, so stelle sich zumindest die Frage, wie denn die Schwerkraft entstanden sei. Niemand kann ja ernsthaft bezweifeln, dass hinter dem Kölner Dom die Idee eines genialen Architekten steht.

Es sollte dem großen Denker Hawking zu denken geben, dass sein großes Idol, der Geistesgigant Albert Einstein, der Begründer der Relativitätstheorie, ein an Gott glaubender Jude war.

Für unzählige Nobelpreisträger waren und sind Glauben und Denken keine Gegensätze. Mich überzeugt im praktischen Alltag der kluge Satz des früheren Bundespräsidenten Johannes Rau (1931–2006): »Glauben heißt: Wissen, was trägt.«

Ich muss Gott nicht beweisen, er erweist sich im Leben – vor allem, wenn ich als Mensch so oft an meine Grenzen komme.

Haben wir ein
Berlin-Problem?

Wie Ohrfeigen wirken die Schlagzeilen, die meine Stadt, in der ich seit 12 Jahren lebe, nicht selten macht. Die Zeitungen titeln vom »Armenhaus Berlin« über »Armutshauptstadt« bis »Arme Hauptstadt«. Dabei sind es doch strahlende Bilder, die jedermann vor Augen hat, wenn er an die einst geteilte Metropole denkt: Brandenburger Tor und Reichstag, Gedächtniskirche und Gendarmenmarkt, Kanzleramt und KaDeWe …

Doch wenn ich durch die Straßen gehe, sehe ich auch das: Bettler, Penner, Obdachlose mitten in den Einkaufsmeilen der Reichen und Schönen. Jugendliche Glatzköpfe mit Piercings, Tattoos und dem obligatorischen Hund, die in Horden auftreten und die Passanten nötigen, Geld lockerzumachen. Ganz zu schweigen von den fast alltäglichen Bildern brennender Autos in sogenannten Problembezirken oder von Parallelgesellschaften, in der die islamistische Scharia das Grundgesetz ablöst und von denen der Innensenator sagt, dass sich die Polizei nicht mehr in bestimmte Ecken traut. Für diese aktuellen Schlagzeilen sorgen diesmal nicht Ex-Finanzsenator Sarrazin oder Bezirksbürgermeister Buschkowsky, indem sie mangelnde Migranten-Integration oder saufende Kindergeldbezieher beschimpfen. Die Schlagzeilen dieser Tage kommentieren eine Studie der Bertelsmann Stiftung – ein Armutszeugnis für das Armenhaus. Danach leben nirgendwo in Deutschland so viele Bürger von Hartz IV wie in der

Hauptstadt. Knapp 20 Prozent der Berliner sind auf staatliche Hilfe angewiesen, in Bayern oder Baden-Württemberg sind es nur 5, in der Millionenstadt Hamburg 13 Prozent.

Höre ich Freunde und Bekannte aus dem In- und Ausland von Berlin schwärmen, hat man den Eindruck, hier ist jeden Abend Party angesagt. Berlin vermittelt nach außen das Bild, als sei die Fanmeile zwischen Siegessäule und Brandenburger Tor dauernd in Betrieb, als könne man hier super leben und billig wohnen, auch ohne zu arbeiten. Doch das ist nur die Oberfläche einer Stadt, die zum nationalen Problemfall geworden ist, trotz Mauerfall und Regierungssitz. »Arm, aber sexy«, beschrieb der Regierende Bürgermeister Klaus Wowereit seine Heimatstadt vor Jahren. Doch die Armut dieser hochverschuldeten Metropole ist alles andere als sexy. Darüber können auch die neuen Luxushotels nicht hinwegtäuschen, nicht die Glanzlichter von Modewoche bis Berlinale oder Funkausstellung. Berlin ist ein Besuchermagnet wie kaum eine Stadt der Welt. Doch reisen die Touristen wieder ab, nachdem sie die Sehenswürdigkeiten genossen und die Party gefeiert haben. Für die einen ist Berlin ein Sündenpfuhl, für die anderen das Paradies auf Erden.

Wir Einwohner müssen bleiben und sehen hinter die Fassaden einer Stadt, in der Glanz und Elend dicht beieinanderliegen. Da fällt der Putz von den Schulwänden, Autofahren wird zur Rallye zwischen Schlaglöchern, und wer auf die S-Bahn angewiesen ist, weiß seit Monaten nicht mehr, ob sein Zug nicht gerade wieder wegen Altersschwäche aus dem Verkehr gezogen wurde. Vermüllte Wohnungen, verwahrloste Kinder, verlassene Alte – natürlich gibt es das überall, aber nirgends so öffentlich wie in Berlin. Trinker- und Drogenszenen an bestimmten Plätzen fressen sich wie Geschwüre in die Kieze, und ich habe das Gefühl, dass keiner was dagegen tut. Die Kindersuppenküche der »Arche« oder der Obdachlosen-Kältebus der Stadtmission wirken wie ein Pflaster, mit dem versucht wird, eine klaffende Wunde zu schließen.

Heute ist die Hauptstadt unser größtes Problem, die Zahlen sprechen eine deutliche Sprache. Und dennoch bin ich froh, in dieser Stadt zu leben. Ich möchte auch nicht weg und bin glücklich, dass das ZDF meine Sonntagstalkshow in Berlin produziert. Nichts gegen Mainz oder meine westfälische Heimatstadt Minden, in der Provinz habe ich mich auch wohl gefühlt. Doch Berlin hat nun mal alles, man muss nur die Augen öffnen. Nirgends gibt es eine solche Dichte von Theatern, Opern oder Museen, nirgends so viele verschiedene Kulturen und Kieze, nirgends ein solches Bildungs- und Freizeitangebot. Zum Problemkiez Neukölln mit seiner Rütli-Schule gehört auch die Kleinstadtidylle Rixdorf. Berlin hat mehr Brücken als Venedig und nicht weniger Grün als ein Städtchen in Sachsen. Aber um die Schönheiten erkennen und genießen zu können, müssen wir beginnen, die Mauer der Probleme einzureißen, die uns den Blick verstellt. Wir sollten endlich damit beginnen. Wir alle.

Über die Kantine im Bundestag und den Polizisten vor der Tür

Spätestens bei der nächsten Diätenerhöhung kommt die Diskussion so sicher wie eine Gewitterfront nach einem schwülen Sommerabend: Verdienen unsere Politiker nicht viel zu viel und haben obendrein noch Prominentenprivilegien und pralle Pensionen? Bei kaum einem Thema gerät die Volksseele so in Wallung wie bei der Versorgung unserer Volksvertreter. Deshalb finde ich es gut, dass die Kollegen des »Stern« in einem Report mit manchem Vorurteil aufgeräumt haben.

Mit genauem Gehalt wurden nicht nur zahlreiche Politiker vorgestellt, sondern auch diejenigen, die sich um deren Wohl kümmern – vom Saaldiener im Reichstag bis zum Polizisten vom Wachkommando. Und dabei ist mir ein Nebensatz von Detlef Thiele im Gedächtnis geblieben, der seit 2002 als Hauptkommissar im Regierungsviertel Dienst schiebt. Auch ich begegne ihm manchmal, wenn er den Einlass zur Reichstagsvorfahrt kontrolliert. Hauptkommissar Thiele beschwert sich nicht, dass er für 2800 Euro brutto im Monat bei Regen und Hitze, Sommer wie Winter Streife geht. Er mache den Job gern, erzählt er, nur eins ärgere ihn: »Leider dürfen wir nicht in der Bundestagskantine essen, für die Pause bringe ich mir Stullen mit.«

Richtig gelesen: Der Mann kümmert sich um die Sicherheit unserer Volksvertreter, darf aber in die von Volkes Steuern subventionierte Kantine nicht rein.

Jeder Journalist darf das, jede Besuchergruppe, jede Hilfskraft eines Abgeordneten. Nur nicht die Uniformierten, die vor der Tür ihren Dienst tun!

Und leider auch richtig verstanden: Menschen wie Detlef Thiele vertrauen die Damen und Herren Abgeordneten, wenn es um Sicherheit und körperliche Unversehrtheit geht, das warme Kantinenessen und den Kaffee aus der Porzellantasse aber gönnt man ihnen nicht. Sicherheitsgründe kann's dafür ja wohl nicht geben, denn wenn jemand durchleuchtet und abgecheckt ist, dann doch wohl die Hüter der Sicherheit.

Hauptkommissar Thiele jammert ja nicht, weil man ihn nicht zum Staatsbankett ins »Adlon« einlädt. Es geht lediglich um eine Geste, die selbstverständlich wäre: Mittagessen dort, wo man dazugehört. Wie es in jedem ordentlichen Betrieb üblich ist.

Warum darf es in Berlin keinen Reagan-Platz geben?

Bekanntlich kann man auch berechtigte Anliegen durch Übereifer ad absurdum führen. Berlin vermag ein Paradebeispiel dafür zu liefern, wohin man mit übertriebener politischer Korrektheit kommen kann. Das Kuriose: Selbst Gutwillige stolpern dabei über ihr eigenes Gutmenschentum.

Der frühere US-Präsident Ronald Reagan wäre am 6. Februar 2011 100 Jahre alt geworden. Viele Berliner sind der Meinung, ihr Ehrenbürger verdiene eine besondere Ehrung und fordern, eine Straße oder einen Platz nach ihm zu benennen. Sie erinnern dabei an Reagans historischen Satz bei seinem Besuch in der damals noch geteilten Stadt. Am 12. Juni 1987 forderte er vor dem Brandenburger Tor: »Mr. Gorbatschow, tear down this wall!« (Herr Gorbatschow, reißen Sie diese Mauer nieder!) Diese Forderung, damals aus dem linken Lager mit Hohn und Spott bedacht, erfüllte sich gute zwei Jahre später am 9. November 1989.

Grund genug, dem Visionär Reagan ein Denkmal zu setzen, findet der Bezirk Charlottenburg und will einen Platz nach ihm benennen. Doch da hatte man die Rechnung in Unkenntnis eigener Beschlüsse gemacht: Hier dürfen nämlich Straßen nur noch nach Frauen benannt werden, um deren geringe Quote auf dem Berliner Stadtplan zu heben.

Verdienste hin, Verehrung her: Ronald hatte leider das Pech, ein Mann zu sein. In London und Prag wird man ihn zwar würdigen, doch ausgerechnet in Berlin fällt er der Frauen-Straßenquote zum Opfer. Eine beschämend provinzielle Lachnummer in der Hauptstadt, die so gern Weltstadt sein möchte!

Ich empfehle, im Kampf gegen Sexismus auf Straßenschildern den Platz nach Präsidentengattin Nancy Reagan zu benennen. Die hatte doch großen Einfluss auf ihren Mann. Vielleicht hat sie ja, ähnlich wie Hannelore Kohl das Zehn-Punkte-Programm zur Wiedervereinigung für ihren Kanzlergatten, Reagans historischen Mauerfall-Satz in die heimische Schreibmaschine getippt?

Toren sind es und keine Türöffner von Frauenrechten, die durch solch einen Quotenblödsinn ihr Anliegen selber ins Lächerliche ziehen. Das haben wir schon mal erlebt beim Streit darüber, ob ein weiblicher Amtmann nun Amtmännin, Amtfrau oder wie auch immer heißen soll. Und was ist mit dem Hauptmann aus dem schwachen Geschlecht in des Verteidigungsministers starker Armee?

Mir fällt in diesem Zusammenhang der ehemalige Bundespräsident Johannes Rau ein, der mit hintersinnigem Humor empfahl, Gehwege politisch korrekt nur noch »Bürgerinnen- und Bürgersteige« zu nennen. Vielleicht finanziert durch ein Baufrauen-Modell. Man kann's nämlich auch übertreiben. Dann wird aus Quote Quatsch.

Die Frauenquote widerspricht
der Frauenförderung

Eine Quotenfrau zu sein, dazu hätte ich keine Lust! Diesen Satz höre ich immer wieder von Kolleginnen und von Frauen, die es in Wirtschaft und Politik weit gebracht haben. Sie empfinden es als Beleidigung, durch eine Quote quasi unter Artenschutz gestellt zu werden, als müsse das angeblich schwache Geschlecht von einer starken Lobby in Positionen gehievt werden, die es aus eigener Kraft nicht erreicht.

Dennoch gibt es auch die andere Wahrheit, und das sind nüchterne Statistiken und nackte Zahlen: Frauen finden in Führungsetagen kaum statt, in 90 von 100 deutschen Großunternehmen gibt es keinen einzigen weiblichen Vorstand oder Aufsichtsrat. Und beim Thema Lohn verstößt die gesamte Wirtschaft gegen das Gleichheitsgebot des Grundgesetzes: Laut Statistischem Bundesamt verdient eine Frau 23 Prozent weniger als ein Mann in vergleichbarer Position. Diese Ungerechtigkeit gehört dringend abgeschafft.

Doch wenn die Bundesregierung nun mittels Quote Frauen an die Macht bringen will, bekämpft sie Symptome, anstatt die Ursachen zu beseitigen. Die Quotenfrau widerspricht dem Kernthema echter Frauenförderung. All die Gutmenschen erweisen den Damen damit einen Bärendienst, weil sie sich in Wahrheit zur Lobby von Besserverdienenden und Singles machen. Nein, wir brauchen keine Quote. Was wir brauchen sind mehr Betriebskindergärten, flexiblere Arbeitszeiten, eine bessere Vereinbarkeit von Familie und Beruf, mehr Verständnis für elterliche Pflichten, keine Abendtermine und weniger Präsenzpflicht am Arbeitsplatz.

Wenn Kinder endlich als Normal- und nicht als Störfall betrachtet werden, wenn Eltern am Arbeitsplatz gleich behandelt und in der Gesellschaft gleich geachtet würden, könnten Frauen und Männer davon profitieren. So sieht Gleichberechtigung aus.

Wer Frauen mit einer Quote abspeist, hat ein antiquiertes Gesellschaftsbild, auch wenn das noch so fortschrittlich und werbewirksam klingen mag. Die Frau als schützenswertes Wesen, das ist mittelalterliche Mottenkiste, kein modernes Menschenbild. Oder wollen wir in Firmen bald auch Quoten für Migranten und über 60-Jährige?!

Im Zeitalter einer Bundeskanzlerin und von Ministerinnen, die sich nicht nur um »Gedöns« kümmern – wie Gerhard Schröder das Familienministerium einmal verspottete –, ist eine Frauenquote ein Rückschritt.

Unsere Gesellschaft braucht mehr Qualität statt Quote, deshalb brauchen wir mehr Frauen, auch in Spitzenpositionen.

Welcher Sinn verbirgt sich hinter dem Burka-Verbot im Bürgeramt?

Der Staat muss Gesicht zeigen! Mit diesem Argument fordert eine riesengroße Koalition quer durch alle Parteien vehement die Verhinderung eines kleinen Problems.

Kaum ein Politiker, der sich nicht (laut-)stark macht für ein Burka-Verbot, nachdem eine Angestellte des Frankfurter Bürgeramtes in Vollverschleierung zum Dienst erscheinen wollte.

Es stimmt: In unserem freiheitlich-demokratischen Staat habe ich als Bürger ein Recht darauf zu wissen und zu sehen, wer mir als Repräsentant dieses Staates gegenübertritt. Selbst wenn dieser Repräsentant nur für die Verlängerung meines Reisepasses zuständig ist.

Doch mit dem Argument »Gesicht zeigen« sollte man achtsam umgehen. »Gesicht zeigen« bedeutet schließlich auch Gesinnung zeigen, und diese innere Haltung hat mit äußerem Habitus wenig zu tun. In Lübeck ist ein Punk Pauker, und der coole Schulleiter mit seiner schrillen Haarpracht tingelt durch die Talkshows, weil er von Schülern wie Eltern als Pädagoge geschätzt wird.

Ein Polizist verliert keine Autorität, wenn er mit Tattoo oder Piercing für Ordnung sorgt. Schwache Persönlichkeiten werden auch durch Uniform nicht stark. Und was nützen einem Beamten Schlips und Kragen, wenn sich unter dem korrekten Scheitel eine schräge Gesinnung verbirgt? Wer »Gesicht zeigen« mit einer

Kleidervorschrift verwechselt, sollte profiliert nachdenken, bevor er populistisch nachplappert.

Den Schleier im Bürgeramt verbietet allerdings schon der gesunde Menschenverstand; falsch ist allerdings, das Burka-Verbot zur Frage der Religionsfreiheit hochzustilisieren. Deshalb ist es gut, wenn auch Grünen-Chef Cem Özdemir oder der muslimische Rat der Religionen klarstellen, dass die Burka kein islamisches Gebot ist. Wer sie anzieht, kann sich auf alles Mögliche, nur nicht auf das Menschenrecht der Religionsfreiheit berufen.

Die Vollverschleierung der Frau ist keine religiöse Folklore, sondern ein islamistisches Unterdrückungstextil, das unserem Grundgesetz widerspricht. Dagegen müssen wir vorgehen, nicht gegen die Burka im Büro. Fundamentalismus und Extremismus passen nicht zu unserer Rechtsordnung; egal, ob sie mit Schleier oder Schlips daherkommen.

Über »Ehrenmorde« und unsere Mitschuld in Worten und Gedanken

Ein Unwort sollten wir ein für allemal aus unserem Sprachgebrauch verbannen, auch wenn es immer wieder durch die Nachrichten geistert und es sogar in die Schlagzeilen schafft: »Ehrenmord«.

Oft fehlten dabei die Anführungszeichen, als handele es sich um einen ganz normalen Rechtsbegriff. Dabei hatten die Hamburger Richter diesen hässlichen Sprachmüll eindeutig in die Tonne getreten, als sie ihr Urteil fällten: Lebenslang wegen Mordes aus niedrigen Beweggründen!

Nichts anderes ist das nämlich, wenn der Bruder seine Schwester umbringt, nur weil sie den westlichen Lebensstil ihrer Freundinnen pflegte. Wenn die deutsch-afghanische Familie immer noch meint, mit den tödlichen Messerstichen an der 16-jährigen Morsal sei irgendeine Art von »Ehre« gerettet worden: Mord bleibt Mord, auch wenn er im Namen eines kruden Ehrbegriffs geschieht, der das große Verbrechen kleinreden will.

Sprache ist verräterisch, wenn sie verharmlosend und verniedlichend daherkommt. Statt »Ehrenmord« müsste es Schandmord heißen, sonst verraten wir nicht nur die unschuldigen Opfer, wir verraten gleich noch unsere eigene Gedankenlosigkeit. Wer die Sprache der Täter kritiklos übernimmt, macht sich mitschuldig.

Morsal ist ja kein Einzelfall, etwa 50 muslimische Frauen sind in den letzten zehn Jahren aus ähnlichen

Gründen umgebracht worden, weltweit liegt die Dunkelziffer laut Uno bei 100 000 jährlich. Morde im Namen des bizarren Ehrbegriffs einer Steinzeitwelt, der unserer Kultur diametral entgegensteht und deshalb radikal bekämpft werden muss. Von der Wurzel her (lateinisch: radix), das heißt auch, dass wir dem Unwort keinen Boden in unserem Sprachgebrauch geben.

Sprache zu pflegen heißt: sich immer wieder klarzumachen, was man eigentlich sagt, wenn man (schön-) redet. Allzu leichtfertig sprechen wir auch vom Kavaliersdelikt. Doch ein Gläschen zu viel oder der Bleifuß auf dem Gaspedal können Menschenleben kosten, nicht nur den Führerschein. Und wenn der Allgemeinheit durch Millionen großer und kleiner Steuerhinterzieher und Versicherungsbetrüger Milliarden Euro gestohlen werden, wo sind denn da die Kavaliere beim Delikt?!

»Notlüge« ist auch solch ein Wort, das verschleiern, vertuschen und die Unwahrheit nur schönfärben will. Verniedlicht wird dadurch die Not, als handele es sich bei unseren kleinen Schwindeleien um lebensbedrohende Situationen, die wie unter Folter die Notlüge erzwingen.

»Sag nicht alles, was du weißt, aber wisse immer, was du sagst«, mahnt der Dichter Matthias Claudius zum Umgang mit unserer Sprache. Man sollte öfter darüber nachdenken.

Wie können wir verhindern, dass in unserem Land ein Parallelstaat entsteht?

»Andere Länder, andere Sitten«, meinte mein Gegenüber gestern im Speisewagen und legte die Zeitung zur
Seite. Er hatte die Geschichte über den Berliner »Braut-
kauf« überflogen und wollte bei Brötchen und Kaffee
zur Tagesordnung übergehen: »Sollen das die Türken
doch unter sich regeln!« Doch so einfach können wir
uns das nicht machen. Was in unserem Land passiert,
geht uns alle an, und deutsches Recht hat immer noch
Vorfahrt vor kurdischer Sitte.

Es lohnt sich, ohne Schaum vor dem Mund über diesen Fall nachzudenken, schließlich wollen wir keinen
Kampf, sondern ein Miteinander der Kulturen. Dazu
müssen wir aber Bescheid wissen über Traditionen und
Bräuche der über drei Millionen Türkischstämmigen,
die unter uns leben. Dort wird oft früh geheiratet, weil
man ohne den Segen des Imam nicht miteinander ins
Bett geht. Vor nicht allzu langer Zeit war das bei uns,
vor allem auf dem katholischen Land, nicht anders.
Junge, engagierte Christen propagieren die »Reinheit
vor der Ehe« ganz aktuell und schaffen es mit dem
Thema in die Talkshows. Und auch hierzulande gab es
die Tradition der Mitgift.

Doch diese »verkaufte Braut« ist kein Lustspiel, sie
ist eine Tragödie. Darf eine Minderjährige auf diese
Art verheiratet werden? Dürfen Notare da mitma-
chen und Behörden tatenlos zusehen? Zu wem gehört
das Mädchen nun? Und was geschieht mit dem Kind,

das sie erwartet? Hier herrscht nicht Sitte, hier gilt Recht.

Ich will mich nicht darüber aufregen, wenn jetzt wieder ganze Sippen in die Stadtparks strömen, um halbe Hammel am Spieß zu drehen und Müllberge zu hinterlassen. Dass Deutsche da halbnackt rumliegen, ist wiederum für muslimische Augen eine Schande, und die städtische Reinigung machte jahrelang auch den Dreck von »Loveparade«-Fans auf Steuerzahlerkosten weg. Man muss also sehen, wie man miteinander auskommt in einem Land, in dem gleiches Recht für jeden gilt.

Dieses Recht gilt auch im »Brautkauf-Fall« und nicht die (Vor-)Urteile von Volkes Stimme. Was wir nicht brauchen, ist eine Parallelgesellschaft, einen (islamischen) Staat im (deutschen) Staat mit Zwangsheirat und eigenem Recht bis hin zum »Ehrenmord«. Das zu verhindern ist im Sinne aller. Also auch im Sinn türkischer Frauen und Mädchen.

Über Islamisten aus Deutschland

Ein Satz, der erstaunt, eine Szene, die Bände spricht: Zu Beginn des Düsseldorfer Terrorprozesses gegen die »Sauerland-Zelle« weigerte sich einer der muslimischen Angeklagten, beim Einzug der Richter aufzustehen – wie es üblich ist. Auch als man ihm mit Ordnungshaft wegen »Missachtung des Gerichts« drohte, blieb der junge Mann sitzen: »Ich stehe nur für Allah auf.«

Auf den ersten Blick die konsequente Haltung eines 30-Jährigen, der es mit seiner Religion ernst meint. Nach solchen Gläubigen müssen unsere Bischöfe lange suchen in einer Welt der Feiertags- und Kartei-Christen. Solch religiöser Ernst beschämt in einer Gesellschaft, wo Politiker zum Beispiel dem Berliner Sozialprojekt »Arche« den staatlichen Zuschuss streichen wollten, nur weil man in der Suppenküche ein Tischgebet spricht. Wir können es kaum ertragen, dass jemand etwas für heilig hält, und reden schnell von Fundamentalismus, wenn einer moralische Grundregeln postuliert.

Wie oberflächlich diese Multikulti-Beliebigkeit jedoch ist und wohin es führt, wenn Beliebigkeit mit Freiheit verwechselt wird, zeigt der Blick hinter die Prozesskulissen. Zwei der vier »Sauerland-Terroristen« sind Deutsche, die als Jugendliche zum Islam konvertierten, in deutschen Hinterhof-Moscheen und pakistanischen Terrorcamps für den »Heiligen Krieg« geschult wurden und mit Autobomben töten wollten. Jetzt kam heraus, dass sie dafür den symbolträchtigen 11. September im Auge hatten. Einer von ihnen kommt aus der saarländischen Provinz, hatte beim Verlassen des Gymnasiums vor fünf Jahren eine Eins in Geschichte und Religion. Vom getauften Katholiken zum fanatischen Islamisten – mitten unter uns, und niemand will etwas gemerkt haben? Hat er gefehlt oder haben die Lehrer versagt, als es in Geschichte um den Holocaust und in Religion um die Bergpredigt ging?

Da wachsen junge Leute im Land des Grundgesetzes auf, die ihre Grundwerte in Frage gestellt sehen, wenn sie vor der Autorität der Gerichtsbarkeit aufstehen müssen. Jugendliche, die keinen Bezug mehr zur freiheitlichen Kultur unseres Staates haben und in eine Parallelwelt von Scharia und Dschihad abtauchen. Es ist zu spät, wenn uns das erst bewusst wird, wenn sie mit »Ehrenmord« oder Terror zuschlagen.

Integration und Wachsamkeit sind keine Gegensätze, sie sind zwei Seiten derselben Medaille.

Soll man für Taliban beten?

Wenn so eine Meldung über den Ticker läuft, schaut man lieber zweimal hin, ob sie stimmt. Gerade erst hatte ich den bewegenden Trauergottesdienst aus Hannover verfolgt, den Abschied von den drei Bundeswehrsoldaten, die in Afghanistan gefallen sind. Nun zitieren die Agenturen Verteidigungsminister Thomas de Maizière mit dem Satz: »Ein Gebet für die Taliban ist nötig und sinnvoll.« Wer soll das begreifen angesichts der ergreifenden Totenehrung für jene Männer, die gerade Opfer jener Taliban geworden waren?

Darf man, soll man für kaltblütige und heimtückische Terroristen beten? Etwa genauso wie für die Herzoperation meiner Mutter oder die sichere Landung beim Flug in den Urlaub? Genauso wie für hungernde Kinder oder die Gefolterten auf dieser Welt?

Im ersten Moment habe ich mich gefragt, ob man so etwas sagen darf, ob dieses Schlag-Wort nicht den getöteten Opfern und ihren trauernden Angehörigen weh tun muss. Doch je länger ich darüber nachdenke, desto mehr verstehe ich, was der Minister, ein bekennender Christ, damit auf dem Dresdner Kirchentag sagen wollte.

Thomas de Maizière hat nämlich noch einen entscheidenden Nachsatz gemacht: »Allerdings ersetzt das Gebet nicht die praktische Politik.« Damit widerspricht er all jenen, die sich – wie Margot Käßmann – auf dem Kirchentag mit weltfremd-naiver Friedenslyrik anbiedern, als ob entschiedenes Beten und entschlossenes Handeln ein Gegensatz seien. Die frühere Ratsvorsitzende der EKD hatte unter Beifall erklärt, ein Gebet mit (!) den Taliban sei »eine wesentlich bessere Idee als die Bombardierung von Tanklastwagen«.

Die Tradition unserer Bundeswehr basiert auf der Erkenntnis und dem Bekenntnis der christlichen Widerstandskämpfer gegen den Naziterror. Sie haben für Adolf Hitler gebetet, dennoch hat Graf Stauffenberg am 20. Juli 1944 die Bombe gezündet, die den Diktator töten sollte. Beten bedeutet ja, mitten in unserer Ohnmacht mit der Allmacht Gottes zu rechnen, dass böse Menschen umkehren und sich eines Besseren besinnen können. Selbst Hitler, Gaddafi oder eben die Taliban. Der Widerstand lebte aus der Erkenntnis Dietrich Bonhoeffers, den die Nazis hingerichtet haben: »Das Gebet ersetzt keine Tat, aber das Gebet ist eine Tat, die durch nichts ersetzt werden kann.« Verteidigungsminister de Maizière hat seinen Amtseid, Schaden vom deutschen Volk zu wenden, mit dem Satz bekräftigt: »So wahr mir Gott helfe.« Deshalb kann er die Taliban ins Gebet einbeziehen – mit gefalteten Händen genauso wie mit der Waffe in der Hand, weil Terror zu ernst ist für Kalenderweisheiten auf Wohlfühl-Events.

Über die Schlacht um Begriffe und Beträge

Mit seinen erst 21 Jahren hat unser Staat ihn nach Afghanistan in den Krieg geschickt, der aber nicht so heißen darf. Und im Sarg kehrte er in seine württembergische Heimat zurück, die ihm eine würdige Trauerfeier gestaltete. Doch als seine Eltern sich bei der Lebensversicherung meldeten, verweigerte die das Geld, »weil die Geschäftsbedingungen eine Kriegsklausel enthalten«. Sergej Motz war in Kundus mit seinen Kameraden in einen Hinterhalt geraten und im Kugelhagel gefallen. Er zählt zu jenen Soldaten der Bundeswehr, deren Versicherung nicht zahlt. Das ist hinterhältig, kleinkariert und zynisch.

Da riskieren junge Leute ihr Leben für die Freiheit und Sicherheit Deutschlands (also für uns!) und kämpfen im fernen Afghanistan gegen den internationalen Terrorismus. Doch in der Heimat versteckt sich die Politik hinter Floskeln und streitet, ob der tödliche Einsatz überhaupt Krieg heißen darf, und die Versicherungen verschanzen sich hinter Paragraphen. Die Politiker sprechen von Kampf, weil sie die Wahrheit scheuen, die Versicherungen von Krieg, weil sie nicht zahlen wollen. Pervers daran ist, dass formal alle irgendwie recht haben.

Wie müssen sich die jungen Soldaten fühlen, die um ihr Leben bangen, während zu Hause eine Schlacht um Begriffe und Beträge tobt? Was ist es nun, wenn einer in Kabul oder Kundus sein Leben lässt – ist er gestorben, gefallen oder getötet worden? Im Krieg, im Kampfeinsatz oder im Stabilisierungseinsatz? Die Männer, deren Tod wir betrauern, sind eben nicht beim Brunnenbohren oder Brückenbauen gestorben. »Wir fühlen uns eindeutig im Krieg«, sagen sie und empfinden den bizarren Krieg der Wörter als blanken Hohn.

Verbale Haarspalterei ist genauso verlogen wie Knauserigkeit. Die Politiker müssen sich der Wahrheit stellen und die Versicherungen der Moral. Es gibt so etwas wie Kulanz, und die sollte in Anbetracht von Millionen Beitragszahlern in traurigen Fällen wie diesem doch möglich sein. Die Politik sollte aufhören, den Einsatz länger als bewaffnete Entwicklungshilfe schönzureden.

Der Staat setzt Soldaten in Marsch und muss für sie sorgen. Der Staat sind wir alle, wir, die Steuerzahler, die den Einsatz finanzieren. Aber auch die Versicherungen, die eine moralische Pflicht haben, auch wenn sie formal im Recht sein mögen. Die Debatte aus Absurdistan passt nicht zum Drama von Afghanistan!

Und wieder müssen wir uns fragen:
Welches Wesen ist der Mensch?

Ich habe mir immer wieder sein Foto angeschaut und die Urteile der Nachbarn über ihn gelesen, die sagen, er sei nett, akkurat, hilfsbereit und intelligent gewesen. Er trug den älteren Damen die Einkaufstaschen, war freundlich und zuvorkommend. Der ideale Nachbar und Kollege, wie man ihn sich wünscht. Und dann stellt sich nach 19 Jahren heraus: Dieser nette Herr von nebenan ist ein Kindermörder.

Der Erfolg der beharrlichen »Soko Dennis« ist Grund zu Dankbarkeit und Erleichterung; echte Freude will sich dennoch nicht einstellen, weil uns diese Tragödie in tiefe Fassungslosigkeit stürzt und uns den Menschen wieder einmal zum Rätsel macht.

Der hätte doch auch in meinem Haus wohnen können, unbemerkt und unauffällig. Oder ich könnte einer sein, von dem andere denken, was er gestanden hat. Und plötzlich ertappt man sich dabei, wie man aus dem Grübeln nicht herauskommt. Entsetzt und wütend denkt man an die unschuldigen Kinder. Und gleichzeitig ist man so ratlos, weil es eben nicht jener Brutalo-Typ ist, den man sich gern als Klischee für einen Mörder zurechtlegt. Auch kein optisches Ekelpaket, kein blasses Mauerblümchen, kein Ausgestoßener der Gesellschaft.

Nein, alle Klischees greifen nicht, das macht so hilflos. Einfacher wäre, es gäbe Patentantworten, aber die liefert noch nicht einmal die Psychologie.

Wir schauen also, alleingelassen, in tiefste menschliche Abgründe und haben Fragen, auf die wir wohl niemals eine schlüssige Antwort bekommen werden. Diese Ohnmacht gegen die Macht des Bösen, dieses tiefe Misstrauen gegen die Kreatur Mensch sind es, die mir zu schaffen machen, wenn ich an den Mörder und sein Doppelleben denke.

Die Frage bei diesem Menschenquäler mit seinem entspannten Lächeln und seinen entsetzlichen Taten ist ja nicht nur: »Was ist das für ein Mensch?« Sie stellt sich viel grundsätzlicher: »Was ist der Mensch?« Welches Wesen ist der Mensch, dass aus ihm Mutter Teresa oder Muammar Gaddafi werden kann, der Inbegriff des Guten oder der Abgrund des Bösen.

Und: Wie ist es möglich, dass das Böse sich perfekt tarnen kann, dass es mitten unter uns unbemerkt existiert?

Ich denke an meine Begegnung mit dem Bischof Ugandas, Festo Kivengere, kurz vor seinem Tod 1988. Der Diktator Idi Amin hatte ihn so lange verfolgt und gequält, bis er seine Heimat verlassen musste. Nach Amins Flucht kehrte Kivengere zurück, predigte Versöhnung und schrieb ein Buch mit dem Titel: »Ich liebe Idi Amin«. Das sei seine Art, damit fertigzuwerden, sagte er. Denn in jedem steckt die Anlage zum Bösen, und ob man Diktator oder Bischof wird, sei einem Baby nicht anzusehen.

Gelernt habe ich daraus: Da das Böse nur durch das Gute überwunden wird, darf man nicht resignieren, weil aus Verzweiflung nur Verbitterung entsteht. Wir müssen auch mit dem Rätsel von Hamburg leben. Jetzt gilt es, trotz allem an sich selbst die positive Seite des Menschen offensiv zu demonstrieren.

Auch wenn es schwerfällt. Und immer schwerer.

Absolut sicher ist wohl nur
die Unbelehrbarkeit des Menschen

Was für Bilder! Und jetzt auch noch die Furcht vor dem atomaren GAU. Man kommt nicht weg vom Fernseher. Auf fast allen Kanälen der Horror von Japan. Man sitzt fassungslos im Sessel und will nicht wahrhaben, dass alles Realität ist. Im Film würde man es als Übertreibung abtun, als Horror-Thriller mit Gänsehaut-Effekt, nach dem man nicht mehr schlafen kann.

Wiederholt sich hier Tschernobyl noch einmal? Hunderttausende wurden vor 25 Jahren in der Ukraine verstrahlt, die Folgen waren auch in Deutschland messbar, die Welt erstarrte in Angst und Schrecken. Dann die beschwörend-beruhigenden Beteuerungen aus den Industriestaaten: Atomkraftwerke sind absolut sicher! Aber absolut ist wohl nur die Unbelehrbarkeit des Menschen. Und Hilflosigkeit, die uns bei den Bildern aus Japan befällt.

Die drittstärkste Wirtschaftsmacht der Erde ist ohnmächtig gegen die Gewalt der Natur. Höchster technischer Standard, doch nicht immun gegen das Inferno.

Wenn man die Toten betrauert und begraben hat, kann man die Häuser wieder errichten, Straßen erneuern und das Land aufbauen. Darin hat das Erdbebenland Japan traurige Erfahrung. Doch diese Katastrophe besitzt ganz andere Dimensionen, hier stößt der Mensch schmerzhaft an seine Grenzen.

Jetzt müssen wir zum Himmel blicken: Woher weht der Wind, wie wird das Klima in den nächsten Tagen? Davon wird abhängen, wohin die Atomwolke treibt.

Und plötzlich kommt der ins Spiel, von dem Paul Gerhardt singt: »Der Wolken, Luft und Winden gibt Wege, Lauf und Bahn, der wird auch Wege finden, da dein Fuß gehen kann.«

Ein Kirchenlied aus dem Jahr 1656, das nichts an Aktualität eingebüßt hat: Wo unsere Ohnmacht übermächtig wird, bleibt die Allmacht Gottes.

Wohl dem, der in diesen Tagen beten kann; der eine Adresse hat, um seine Hilf- und Ratlosigkeit abzugeben.

In meiner Gemeinde wurden die Worte von Dietrich Bonhoeffer angestimmt, die er kurz vor seiner Hinrichtung 1944 gedichtet hat: »Von guten Mächten wunderbar geborgen, erwarten wir getrost, was kommen mag, Gott ist mit uns am Abend und am Morgen und ganz gewiss an jedem neuen Tag.«

Das hat mir schließlich geholfen, mir Ruhe gegeben – und kann mir gleichzeitig Kraft schenken, nicht zur Tagesordnung überzugehen, wenn die Schreckensbilder von Japan Geschichte sind. Wer aus dieser Katastrophe nicht endlich lernt, dem gnade Gott!

Über »German Egoismus« und japanischen Heldenmut

Mitten im Kerzen- und Blumenmeer vor dem japanischen Generalkonsulat in Hamburg ein Zettel: »In Gedanken bei Euch Helden! Sebastian.«

Sind es lebensmüde Irre oder wirkliche Helden, die als letztes Aufgebot in die Schlacht gegen die nukleare Katastrophe ziehen? Diejenigen, die ihr Leben einsetzen, um mit dem Mut der Verzweiflung Land und Mitmenschen zu retten, indem sie im Atomkraftwerk von Fukushima das Schlimmste zu verhindern versuchen.

Wenn diese Männer überhaupt je lebend aus dem Strahlen-Inferno herauskommen, dann als Todgeweihte. Während ihre Kollegen nach Hause zu den Familien durften, sind diese 50 geblieben, um zu retten, was wohl nicht zu retten ist. »Fukushima 50«, wird vielleicht das Wort des Jahres 2011, ein Denkmal bekommen die Arbeiter allemal.

Doch diese Helden sind bereits ein lebendiges Mahnmal, nicht nur für Japan. Sie und die 140 Feuerwehrleute aus Tokio, von denen einer sagte: »Ich begebe mich auf eine Mission für Japans Zukunft.« Unsere Medien berichten staunend über den Heldenmut der Fünfzig, die sich jenseits von Egoismus und Selbstverwirklichung in den Dienst der Gemeinschaft stellen. Wir staunen darüber und können es kaum fassen – vielleicht auch deshalb, weil wir selbst häufig nicht einmal mehr bereit sind, im Kleinen Opfer für andere zu bringen.

Beispiele für diese These? Jede Menge: Bei uns donnern Autofahrer an der Unfallstelle vorbei, anstatt anzuhalten und wenigstens den Notarzt zu alarmieren. Bei uns werden Mitmenschen in der Bahn belästigt oder auf der Straße zusammengeschlagen, und Augenzeugen machen sich aus dem Staub, um bloß keinen Ärger zu bekommen.

Wir staunen über Japan, seine Helden und Helfer; über die Gelassenheit und die Selbstlosigkeit dieser Kultur. Wir haben es uns ja bequem eingerichtet, haben für alles Einrichtungen: die Diakonie für die Kranken, die Arbeitsagentur für die alleinerziehende Hartz-IV-Mutter, die Polizei gegen Gewalt und die Fürsorge gegen Verwahrlosung.

Immer weniger engagieren sich im Ehrenamt, der eigene Spaß ist wichtiger als die Not des Nachbarn, der eigene Vorteil wird zum Nachteil des Nächsten. Dienst, Verantwortung und Pflichtgefühl wirken wie Fremdworte einer anderen Zeit. Das Motto unserer Zeit und das Ziel unseres Denkens hat drei Buchstaben: ICH.

Der »German Egoismus« ist noch größer als die »German Angst« ...

Über Helden im Alltag und die
Gesellschaft der Wegseher

Mitten im Meer von Blumen und Kerzen auf dem S-Bahn-Steig von Solln liest sich dieser Zettel wie eine bittere Anklage: »Alle, die hier nicht geholfen haben, sind mit schuld.«

Ja, der schreckliche Mord von München hätte verhindert werden können, wenn die anderen Passanten nicht tatenlos zugesehen hätten!

Doch kann man all jenen einen pauschalen Vorwurf machen, die nicht so beherzt eingegriffen haben wie Dominik Brunner, der seine Zivilcourage mit dem Leben bezahlt hat? Er war der Einzige, der den Mut hatte, sich den jugendlichen Schlägern entgegenzustellen, die Kinder schikanierten.

Es ist die Stunde der Populisten und der Gutmenschen. Die einen fordern härtere Strafen und Gesetze, die anderen empören sich über die Gaffer, die dem Helfer nicht halfen. Viele sahen nicht einmal hin, sie sahen nur zu, dass sie weiterkamen.

Viel brutaler ist die Frage, die ich mir persönlich stelle und auf die ich keine Antwort weiß: Was hätte ich in dieser Situation gemacht?

Ich bin mir nicht sicher, ob ich mich nicht doch hinter meine Zeitung geduckt und höchstens über Handy die Polizei gerufen hätte.

Das macht einen so ratlos, so hilflos und ohnmächtig. Ist man gleich feige, wenn einem der Mut fehlt?

Zivilcourage ist nötig, wenn eine Gesellschaft funktionieren soll, ohne Bürgersinn läuft nichts. Doch man kann Courage nicht befehlen. Manche haben schlichtweg Angst, als Frau gegen betrunkene Männer oder als Senior gegen pöbelnde Jugendliche vorzugehen. Zum Helden wird man nicht geboren, man muss ihn auch nicht spielen, daran ändert alle Entrüstung der Gutmenschen nichts.

Ändern muss sich etwas in unserer Gesellschaft, dass nämlich jeder, der nicht wegsieht, sondern eingreift, damit rechnen kann, dass er von anderen selbstverständlich unterstützt wird.

Er darf dann auch nicht anschließend der Dumme sein, der sich etwa vor Gericht verantworten muss, ob sein Eingreifen berechtigt und angemessen war. So wie eine Kollegin, die mit einem beherzten Karateschwung einen Randalierer zu Boden brachte und anschließend einen Anwalt brauchte. Oder Polizeibeamte, die Opfern helfen wollten und dann juristisch wie Täter behandelt wurden.

Wegsehen ist ein mörderischer Modetrend.

Zivilcourage, so sagt das Lexikon, ist der Mut, die eigene Überzeugung stets und überall zu vertreten. Wenn es gefährlich wird, zeigt sich, ob diese Überzeugung wirklich stärker ist als die Angst.

»Du« ist der dämliche Bruder
von »Sie«

Während des Karnevals tut's jeder, alles andere wäre ja auch wohl jeck. Und da am Aschermittwoch ohnehin alles vorbei ist, macht das auch keine Probleme. In der Skigruppe habe ich die Grenze jetzt auch eingehalten, die die Verbrüderung nach ungeschriebenem Gesetz ab 1000 Metern erlaubt. Ansonsten habe ich null Toleranz für all die Duz-Angriffe, mit denen man zu einer großen Wir-Familie zwangsverpflichtet wird. Wenn mir jemand schon beim ersten Handschlag mitteilt, er sei »der Karl«, dann antworte ich, erschlagen von so viel plumper Vertraulichkeit, mit sturer Regelmäßigkeit: »Und ich bin der Herr Hahne.«

Deshalb freue ich mich über einen kleinen Satz eines großen Künstlers mit großer Aussage. Der Schauspieler und Oscar-Preisträger Christoph Waltz wehrt sich gegen die Show-Welt der Power-Duzer: »Ich komme an einen Drehort mit netten Mitarbeitern, die jünger sind als meine Kinder. Aber die duzen mich, als wäre ich mit ihnen in die Schule gegangen. Da habe ich was dagegen.« Bravo, Herr Waltz!

Der Gruppenzwang gnadenloser Drauflos-Duzer wirkt wie eine Form moderner Machtausübung, wo man zur großen Wir-Armee genötigter Duz-Kumpane verpflichtet wird. Diese permanente Duzerei im Radio, in der Firma, in der Kneipe geht mir auf den Wecker. Was früher nur unter besten Freunden üblich war, verkommt heute zu schlechtem Stil.

Dabei kann das respektvolle Sie mehr verbinden als ein zwanghaftes Du, das Nähe signalisiert, die gar nicht da ist. Mir ist das Du zu wertvoll, um es anderen wie Ramschware entgegenzuschleudern. Liebe auf den ersten Blick mag es geben, an Freundschaft mit dem ersten Handschlag kann ich nicht glauben. Je sparsamer ich mit dem Du umgehe, desto intensiver wird diese vertrauliche Anrede für Beziehungen, die mir wirklich wichtig sind. Wer gleich mit jedem per Du ist, entwertet diese intime Formel zur belanglosen Floskel. Wer allen Kumpel sein will, ist letztlich niemandes Freund.

Gerade in der Distanz eines höflich-respektvollen Sie liegt die Chance, schrittweise auf den anderen zuzugehen. Unvergessen, wie mir einst ein Vorgesetzter das Du anbot, indem er mich zum Essen einlud und feierlich sein Glas erhob. Das war für mich eine Auszeichnung, den älteren Kollegen, der mir Vorbild war, nun beim Vornamen nennen zu dürfen.

Wenn mir der andere zum Du wird, sei das der Gipfelpunkt einer Begegnung, meinte der jüdische Philosoph Martin Buber. Dieses Ziel sollten wir nicht mit dem Start verwechseln. Das Du besiegelt Vertraulichkeit und krönt eine Beziehung, begründet sie aber nicht.

Über den Unsinn der Uhrenumstellung und den Wert der Zeit

Wie an jedem letzten Sonntag im März hat man uns schon wieder eine Stunde gestohlen. Dabei kennen wir doch all die Sprüche, wonach Zeit Geld sei, knapp und wertvoll. Doch keine Sorge, im Oktober erhalten wir die verlorene Stunde ja wieder zurück. Was wir heute mit dem Dreh an der Uhr verschenkt und mit einem Mini-Jetlag bezahlt haben, wird uns sekundengenau zurückerstattet.

Ich halte diese zweimal im Jahr befohlene Uhrenumstellerei für Unsinn, weil es sich um eine Mogelpackung handelt. Unter dem Vorwand von umweltbewusstem Energiesparen als Antwort auf die Ölkrise 1978 leisten wir uns seit mehr als 30 Jahren einen kostspieligen bürokratischen Aufwand, der niemandem etwas bringt. Erst recht der Umwelt nicht. Experten haben berechnet, dass in Wahrheit sogar mehr Energie verbraucht wird, weil abends zwar weniger Licht gemacht, aber morgens länger geheizt wird. Den Anschlag auf unsere innere Uhr könnten wir uns also ohne schlechtes Gewissen ersparen. Wie Meinungsforscher ermittelt haben, würden ohnehin 55 Prozent die Zeitumstellung lieber abgeschafft sehen. Selbst unsere Haustiere würden es uns danken.

Einen Vorteil hat es allerdings, dass wir gezwungen sind, jährlich zweimal an der Uhr zu drehen. Wir erkennen, dass Zeit nicht nur Geld ist, sondern auch relativ. Niemand kann sie festhalten, keiner kann das

Rad zurückdrehen, auch wenn wir es im Oktober wieder dürfen. Genauso wenig sind wir heute über Nacht eine Stunde jünger geworden. Die Zeit vergeht und verläuft, ihr Symbol ist nicht die ewige Wiederholung auf Zifferblatt und Display, sondern die Sanduhr.

Zeit kann verloren und vergeudet werden, manipulieren und aufhalten lässt sie sich nicht.

Kein Wunder, dass es niemanden groß reizt, ewig zu leben. Gemäß einer Emnid-Umfrage ist noch nicht mal Johannes Heesters mit seinen 107 Lenzen ein erstrebenswertes Vorbild. Die meisten Menschen wollen höchstens 90 Jahre alt werden, nur jeweils 2 Prozent 150 oder 300. Und je älter die Befragten sind, desto geringer ist der Wunsch nach langem Leben.

Da spricht vielleicht die Erfahrung, wie sie mir mein Vater vor seinem Tod mitgab: Meine Zeit ist gekommen. Das war nicht die Einsicht eines Lebensmüden, sondern ein beispielhafter Umgang mit dem Phänomen Zeit, die einem gesetzt ist und die man eben nicht festhalten kann.

Darf Tierliebe wirklich
7000 Euro kosten?

Maxi ist sechs Jahre alt, für den Kleinen geht es um Leben und Tod. Er leidet unter einer schweren Nierenkrankheit. Nur eine kostspielige Operation in den USA kann ihn retten, ihm muss rechtzeitig eine Spenderniere eingepflanzt werden. Dafür alles zu tun, ohne Rücksicht auf den Geldbeutel, ist Menschenrecht und -pflicht!

Hier beginnt das Problem: Maxi ist kein Kind, sondern ein schwarzer Kater. Dessen Besitzer hat sich ohne zu zögern entschlossen, seinem Liebling die Operation zu ermöglichen. »Er ist für mich ein Familienmitglied«, meint er. Als der Mann nach einem Unfall selbst schwer erkrankt war, sei die Katze »wie ein zweites Ich« nicht von seiner Seite gewichen.

Ist das nicht fast obszön? Eine OP für 7000 Euro plus Flug in die USA – und das für einen Kater? Was soll so viel übermenschliche Tierliebe, während manche Menschen, die gesetzlich versichert sind, noch nicht einmal ihre Praxisgebühr zusammenkriegen?

Die Geschäftemacherei mit unseren Vierbeinern ist längst ins Absurde gesteigert, wenn sich in den Supermärkten die Regale für Hunde- und Katzenfutter abwechslungsreicher präsentieren als die für Kindernahrung. Und die Veterinärmediziner haben ein neues Kapitel kostspieliger Hightechmedizin aufgeschlagen: Hörgeräte für Hunde, Herzschrittmacher für Katzen, Golddraht-Hüftgelenke für Haustiere, Routineuntersuchungen für Zierfische. Ja, sind wir denn vom wilden Affen gebissen?

Doch dann erinnere ich mich an das Wort »Familienmitglied«, das Maxis mitfühlendes Herrchen benutzte. Wer einmal gesehen hat, wie ein Hund am Grab seines Besitzers trauert und wochenlang das Fressen verweigert, will nicht verstehen, dass Haustiere nach deutschem Gesetz bis vor kurzem noch als Sache behandelt wurden. Der Mensch mag sich als »Krone der Schöpfung« fühlen, doch er hat kein Recht, seinen Mitgeschöpfen aus der Tierwelt Respekt und Hilfe zu verweigern.

Lieber 7000 Euro für ein lebendes Wesen als für das Aufpimpen des Autos. Tierliebe ist ein Ausdruck von Herzensbildung. Unsere Gesellschaft kann nur davon profitieren, wenn wir Achtung und Respekt vor jedem Lebewesen haben. Und die Frage der Verhältnismäßigkeit muss jeder für sich selbst beantworten.

Macht endlich Schluss mit der
»Kultur des Bettelns«!

»Bei uns muss niemand hungern!« Diesen Satz sagte mein Vater, der selber in Krieg und Gefangenschaft Hunger leiden musste, jedes Mal, wenn er einen Bettler abwies. Der Mann, so mein Vater, solle lieber arbeiten oder zum Amt gehen, denn unser Staat lässt niemanden im Stich.

Das klingt hart, aber realistisch, und fällt mir ein, wenn ich die zunehmende Zahl von Bettlern sehe, die in unsere Innenstädte und Fußgängerzonen einfallen. Es ist längst nicht mehr der Obdachlose, der mit Hut und Pappschild auf dem Bürgersteig hockt und sich für unsere Centmünzen bedankt.

Nein, damit die professionelle Mitleidsmaschinerie reibungslos läuft, werden Bettelbanden eingesetzt, straff organisiert und hierarchisch gegliedert. Deren Frauen tragen Babys auf dem Arm, die nicht ihre eigenen sind und mehrmals täglich ausgetauscht werden; die Männer stützen sich auf Krücken, die sie aus medizinischen Gründen nicht benötigen, oder sitzen im Rollstuhl, den sie mühelos verlassen, sobald es zu regnen beginnt.

Und abends fährt häufig ein Kleinbus mit osteuropäischem Kennzeichen vor und sammelt die Profitruppe ein, um sie am nächsten Tag wieder an Plätzen mit hohem Gewinnversprechen zu postieren.

Nein, ganz deutlich nein: Ich habe nichts gegen Straßenmusikanten und Akrobaten. Ich habe Respekt vor

all denjenigen, die sich mit dem Verkauf von Obdach-
losenzeitungen resozialisieren möchten. Aber wenn mir
einer an der roten Ampel gegen meinen Willen die
Scheiben putzt und anschließend gegen die Autotür
tritt, weil ich ihm nichts für diese »Dienstleistung«
gebe, hört meine Toleranz auf.

Das gilt auch für jugendliche Punks, die sich mit
ihren Hunden in den Einkaufsstraßen so breitmachen,
dass sich kaum jemand an ihnen vorbeitraut, ohne
Wegzoll zu zahlen.

Und ich bin es leid, im Terrassencafé im Minutentakt
von Frauen belästigt zu werden, die mir Zettel auf den
Tisch legen, auf denen ihnen ein anderer ein Schicksal
angedichtet hat, das mich zum Geldbeutel greifen lassen soll.

Ich fordere ein generelles Bettelverbot auf öffent-
lichen Plätzen, denn mich interessieren die juristischen
Spitzfindigkeiten zwischen Nötigung, Wegerecht und
Platzverweis herzlich wenig.

Und den Gutmenschen in Kirche und Politik, die das
Verbot als Verstoß gegen die Menschenwürde miss-
verstehen, erwidere ich: Die traditionelle »Kultur des
Bettelns« in unserer abendländischen Gesellschaft hat
in einem Sozialstaat keine Berechtigung mehr. Diese
Bettelei ist Belästigung und Nötigung.

Sollen unsere Reichen auch die Hälfte spenden wie Gates & Co.?

Es klingt fast so märchenhaft wie bei den Gebrüdern Grimm: Da verkünden 40 US-Milliardäre, die Hälfte ihres Vermögens spenden zu wollen. Super-Reiche werden Wohltäter für Mega-Arme, denn in den USA existiert kein funktionierendes Sozialsystem, so dass in den mondänen Großstädten oft wenige Meilen von den abgeschotteten Villen des Geldadels entfernt die Bruchbuden derer stehen, die weder Kranken- noch Rentenversicherung haben.

Populismus pur, wenn deutsche Politiker jetzt Bill Gates & Co. in den Himmel loben und von den Reichen im eigenen Land ähnlich huldvolle Handlungen verlangen. Natürlich ist Spendenbereitschaft ein Beispiel gelebter Nächstenliebe. Natürlich setzt ein Mäzen, der Gutes tut, den Grundgesetzartikel um, dass »Eigentum verpflichtet«. Aber das tun die Vermögenden bei uns unter anderem schon dadurch, indem sie Steuern bezahlen, und das nicht zu knapp.

Das einkommensstärkste Zehntel unserer Bevölkerung bringt mehr als die Hälfte des Staatshaushaltes auf. Und davon können wir uns ein Sozialsystem leisten, von dem Amerika nur träumt. Bei jedem USA-Besuch bewundere ich das soziale Engagement der Amerikaner von der Schule bis zum Hausfrauenclub, wo immer gerade ein Barbecue oder ein Basketballturnier zugunsten eines Kindergartens oder Blindenheims stattfindet. Dem kann sich kein Mega-Star und kein

Super-Reicher entziehen. Und in den USA zu spenden bedeutet, dass man vom Staat gleich ein Drittel als Steuerersparnis zurückbekommt.

Nein, die deutschen Reichen können von den US-Milliardären nichts lernen. Es gibt bei uns 17 000 Stiftungen, die für Soziales, Kultur und Wissenschaft Hervorragendes leisten, ohne viel Gedöns darum zu veranstalten. Dass man in Deutschland beim Spenden nach dem Motto verfährt »Tue viel Gutes, aber rede wenig davon«, zeugt von alter Kaufmannstradition; es sei denn, man will als Neureiche mit dem Beruf »Charity-Lady« ins Fernsehen.

Eines würde ich unseren Politikern allerdings empfehlen: Die Stars und Sport-Asse, die sich aus Deutschland in Richtung Steuerparadies verabschiedet haben, sollten verpflichtet werden: zum Zahlen, zum Spenden.

Ist der Unterricht für unsere Lehrer nur störende Unterbrechung ihrer Freizeit?

Wenn unser alter Hausmeister abends mit seinem großen Schlüsselbund durchs Gymnasium schlurfte, blieb er regelmäßig vor dem Biologiesaal stehen: »Ich muss nur kurz nachschauen, damit wir Herrn Klinke nicht einschließen.« Herr Klinke war unser Bio-Pauker; einer, der mit seinem Job verheiratet schien. Nach Ende des regulären Unterrichts blieb er, um sich mit Kollegen auszutauschen oder mit Schülern zu reden, die etwas auf dem Herzen hatten. Nachsitzen fand immer in seiner Gegenwart statt, und der olle Klinke war entsprechend gefürchtet. Trotzdem liebten wir keinen anderen Lehrer so sehr wie ihn, weil schon wir Schüler spürten: Sein Beruf war für ihn Berufung – und kein bloßer Job mit hohem Freizeitwert.

Wenn Lehrer heute klagen, sie seien überlastet und überfordert, sollten sie daran denken, dass in kaum einer anderen Branche so viele Freiheiten gewährt werden wie im Pädagogen-Gewerbe. So viel Urlaub wie die Lehrer hat sonst niemand, und nach Schulschluss kann man nach Hause. Ob man dort Hefte korrigiert, Rasen mäht oder gleich den Riesling entkorkt, kontrolliert keiner. Dass Lehrer sich, auf welche Art auch immer, von ihren Schülern erholen müssen, leuchtet mir ein.

Genau wie ich die Forderung des Berliner Schulrektors Jens Großpietsch verstehe, der eine Art »Präsenzpflicht« für Lehrer eingefordert hat. Die Empörung, die ihm von Seiten der Kollegen dafür entgegenbrandet, ist so laut, als habe Großpietsch ein Urlaubsverbot über die Toskana verhängt.

Dabei regte Großpietsch lediglich an, dass Lehrer von 8 bis 16 Uhr an ihrem Arbeitsplatz präsent sein sollen. Und bereits drei Tage vor Ferienende an die Schule zurückkehren, dort gäbe es dann schon genug zu tun.

Der Mann spricht aus Erfahrung und gegen die politische Korrektheit. So schwer es Lehrer heute haben als »Reparaturbetrieb« unserer Gesellschaft: Ein Kfz-Mechaniker kann seine Werkstatt auch nicht nach sechs Stunden verlassen, um sich zu Hause »vorzubereiten«. Keine Kassiererin arbeitet daheim. Diese Freiheiten haben allein Lehrer, während das Niveau an unseren Schulen immer mehr sinkt und die Schüler viel zu oft sich selbst überlassen sind.

Auf die Frage, was mit den Kollegen sei, die das nicht wollen, meint Rektor Großpietsch trocken: Die haben dann eben den falschen Beruf gewählt. Es stimmt: Wir brauchen Lehrerinnen und Lehrer wie meinen alten Herrn Klinke, die den Unterricht nicht als störende Unterbrechung ihrer Freizeit empfinden.

Über Gedichte und das Auswendiglernen

»Ich bin für Schillers ›Glocke‹ als Paukstoff in der Schule, und zwar alle 30 Strophen!« Dieser Paukenschlag fürs Pauken kommt von keinem altmodisch-autoritären Schulmeister einer höheren Lehranstalt à la »Feuerzangenbowle«. Der Regisseur Klaus Maria Brandauer stellt diese überraschende Forderung auf, nachdem er sich im »Spiegel« darüber beklagt, dass die Kids von heute nichts mehr über Geschichte oder Klassik wissen.

Meine Mutter kann das noch, dieses eherne Gedicht »Fest gemauert in der Erden …«, obwohl sie kein Gymnasium besucht hat. Früher gehörte das einfach dazu, der Drill in der Schule mit dem zackigen Aufstehen, stramm vor die Klasse treten und endlose Gedichte aufsagen. Bei mir reichte es nur noch für die 23 Strophen von Schillers Ballade »Die Kraniche des Ibykus«, die wir genauso wie Goethes »Erlkönig« lernen mussten.

Widerwillig haben wir das gemacht, das sture Pauken als sinnlose Qual empfunden. Doch irgendwie hat es uns auch fasziniert, wie unser Deutschlehrer Dr. Hans Gressel diesen schweren Stoff spannend interpretierte und stets die Meinung vertrat, dass Auswendiglernen Bildung im umfassenden Sinn ist, also neben bloßem Wissen auch den Geist schult und den Horizont erweitert.

Nach 40 Jahren kann ich nur sagen: Recht hatte der Mann, denn was Hänschen nicht lernt, lernt bekanntlich Hans nimmermehr. Ich bin froh über die eiserne Ration auswendig gelernter Texte, ob es nun die deutsche Klassik, Kirchenlieder im Konfirmandenunterricht oder »Noch 'n Gedicht« von Heinz Erhardt ist.

Man kann nur auswendig sagen, was man inwendig gelernt hat. Im Englischen heißt auswendig lernen »learning by heart«. Etwas im Herzen haben ist mehr als pures Faktenwissen von Pflichtstoff, da hat man sich Texte angeeignet, einverleibt als Begleitung durchs ganze Leben. Es hat schon etwas Bewegendes, wenn Sterbende den 23. Psalm oder das Vaterunser murmeln können, während die Enkel ratlos dabeisitzen. Dieses Lebens-Wissen ist eben mehr als die Mickymaus-Sprache vom Chatten oder Simsen.

Auswendiglernen schadet keinem, es bringt ein Gefühl für Sprache und Haltung. Gedichte fürs Gedächtnis sind ein Kulturgut, das guttut. Wir machen unsere Kinder arm, wenn wir sie um den reichen Schatz dieser inneren Werte bringen.

Rettet das Bet-Verbot für Muslime wirklich den Schulfrieden?

Darf ein muslimischer Junge während der Schulzeit sein rituelles Mittagsgebet Richtung Mekka verrichten und dafür einen Extraraum beanspruchen?

Das Berliner Oberverwaltungsgericht sagt nein, und das ist auch gut so. Nicht gut finde ich allerdings, dass dafür überhaupt Gerichte bemüht werden müssen. Denn es ist so sicher wie das Salam in der Moschee, dass nun eine Welle von Klagen folgen wird, um weitere religiöse Riten durchzusetzen, von der schweinefleischlosen Schulspeisung bis zum Kopftuch im Sportunterricht. Das Berliner Gericht wollte den »Schulfrieden« retten, so die Begründung. Das Gegenteil ist damit erreicht, so meine Befürchtung.

Hätte man das nicht besser im Lehrerzimmer, auf dem Elternabend oder in der Diskussion mit den Schülern regeln können? Dass ein Schüler beten will, nötigt mir Respekt ab, bezeugt er doch damit, dass es noch höhere Werte gibt als »Deutschland sucht den Superstar«. Doch einen Wettbewerb, wer der eifrigste Beter und beste Muslim an der Schule ist, brauche ich genausowenig wie die Konkurrenz der beichtfreudigsten Katholiken; nur so als Beispiel.

Mir hat, das glaube ich zumindest, das Stoßgebet bei der Mathearbeit geholfen, dazu suchte ich keine längere Auszeit, sondern fand kurze innere Einkehr. Beten ist eine Lebens-, keine Körperhaltung.

Von vielen Kirchtürmen läuten Punkt 12 Uhr die

Glocken, eine alte Tradition. In meiner Kindheit hielten die Bauern im Stall oder auf dem Feld eine Minute inne, bevor sie weiterarbeiteten. Kein Christ käme heute auf die Idee, von seinem Arbeitgeber zu verlangen, beim Mittagsläuten doch bitte die Produktionsstraße anzuhalten, weil das Mittagsgebet christlicher Brauch ist. Bei keinem Gericht käme er damit durch, obwohl die deutliche Mehrheit der Bundesbürger (rund 60 Prozent) einer Kirche angehört.

Sind türkische Schulen bei uns schon der Untergang des Abendlandes?

Soll es in Deutschland bald türkische Gymnasien geben, wie Ministerpräsident Erdogan das fordert? Bundeskanzlerin Merkel hat schon nein gesagt. Einhellig die Kritik auch aus den türkischen Gemeinden und parteiübergreifend von den türkischstämmigen Bundestagsabgeordneten. Sie wissen, dass junge Leute nur eine Zukunft für Ausbildung und Beruf haben, wenn sie auch Deutsch und nicht nur Türkisch sprechen.

Natürlich kann man einwenden, dass das christliche Abendland wegen einiger türkischer Gymnasien nicht untergeht, genauso wenig wie ein paar Minarette mehr nicht die Islamisierung Deutschlands bedeuten. Schließlich gibt es in Berlin ja auch das allseits gerühmte »Französische Gymnasium«, ohne dass man gleich von »Klein Paris« spricht. Doch diese Schule untersteht selbstverständlich dem Schulgesetz und sieht sich der humanistischen Tradition und nicht Präsident Sarkozys französischer Nationalpolitik verpflichtet.

Erdogan aber betrachtet 3 Millionen türkischstämmige Bürger in Deutschland als Türken, die ihrem Heimatland Loyalität schulden – auch die 1,3 Millionen, die inzwischen einen deutschen Pass haben. Er nennt sie »Botschafter der türkischen Kultur und der türkischen Republik«. Selbst wenn man dieser Definition etwas Positives abgewinnen wollte, widerspricht die Forderung nach türkischen Gymnasien genau dieser Idee, weil Botschafter eines beherrschen sollten: Sprache und Kultur ihres Gastlandes. Bei uns gibt es aber nicht selten Klassen, in denen 80 Prozent der Schüler kein Wort Deutsch verstehen. Rund 30 Prozent der hier lebenden Türken verlassen die Schule ohne Abschluss.

Elitegymnasien lösen keine Integrationsprobleme. Wir brauchen also keine Schulen speziell für Türken, wir brauchen besseren Deutschunterricht, möglichst schon im Kindergarten. Wer es mit Integration und »Botschaftern« ernst meint, darf keine neue Parallelgesellschaft dulden, in der neben der türkischen Sprache auch noch der türkische Lehrplan gilt. Zum Miteinander gehört das gemeinsame Beherrschen der Sprache und das (ver-)bindende Beachten des Grundgesetzes.

Die Politiker, die keine Ahnung von Problemstadtteilen haben, haben selbst ein Problem

Ehrlich ist er ja, doch sein Bekenntnis ist ein erschreckender Beleg für das isolierte Leben unserer Eliten, die jede Welt außerhalb der ihren offenbar gar nicht wahrnehmen können.

Die Regierenden scheinen vom Alltag der Regierten keine Ahnung zu haben: Als SPD-Chef Sigmar Gabriel Ende November 2010 mit dem Berliner Bezirksbürgermeister Heinz Buschkowsky durch dessen »Problembezirk« Neukölln flaniert und sich den Zustand von Schulen mit über 80 Prozent Migrantenanteil anschaut, meint er gegenüber Reportern treuherzig: »Wenn ich an meine Schulzeit in Goslar denke, das war eine Insel der Seligen!«

Ja, wo leben Sie denn eigentlich, Herr Gabriel, dass Sie Bauklötze staunen wie eine Großmutter aus der Provinz, die ihre Großstadtenkel besucht und über Abgründe erschrickt, die sich ihr auftun?

Sie, Herr Gabriel, kennen noch nicht einmal die Zustände einer Stadt, in der Ihre Parteizentrale steht, und wissen offenbar nicht, wie das wahre Leben aussieht, wo Hartz-IV-Empfänger die Mehrheit bilden und viele ihrer Kinder Analphabeten sind.

Mit dem Parteibuch hat so viel Ahnungslosigkeit jedoch nichts zu tun. Man begegnet ihr bei Politikern aller Parteien; aber auch beim Rest der Elite aus Managern, Bankern, Journalisten und der ganzen Multikulti-Schickeria: Sie haben es sich kommod in einer

Parallelwelt eingerichtet, in einem virtuellen Universum jenseits einer realen Existenz.

Wer überall Vorfahrt und Vorrang hat, wer privilegiert wohnt und seinen Limousinenservice genießt, hat keine Ahnung von Staus an Baustellen, an denen niemand baut, von Warteschlangen und den Schikanen in Behörden, von abgeschobenen Alten, die mit ihrer Rente kaum über die Runden kommen.

Ich bin es ziemlich leid, mir von Leuten über die integrative Kraft unserer Schulen vorschwärmen zu lassen, die ihre eigenen Kinder in Privatschulen oder ins Auslandsinternat schicken.

Es scheint, als spalte sich unsere Gesellschaft immer tiefer in das Mehrheitslager derer, die ohne Fürsprecher ihren Alltag bewältigen müssen, und in die Spitzengruppe derer, die zwar alles bestimmen und beeinflussen, aber nach eigenen Gesetzen und Gewohnheiten wie hinter einer Mauer leben.

Allein unser Bildungssystem würde sich schlagartig ändern, wenn diese Leute gezwungen wären, ihre Kinder in allgemeine und nicht auf private Schulen zu schicken. Und über Problembezirke wird sich niemand mehr wundern, sobald er mit seiner Familie erst selbst dort wohnt.

Die neue Sozialdebatte aus der Hauptstadt: Polemik oder Wahrheit?

Schon wieder eine Verbalattacke aus Berlin, die eine bundesweite Debatte ausgelöst hat. Nachdem Ex-Finanzsenator und Bundesbank-Vorstand Thilo Sarrazin gegen integrationsunwillige Ausländer polemisierte, hat sich der streitbare SPD-Bürgermeister des »Problembezirks« Neukölln, Heinz Buschkowsky, die Hartz-IV-Empfänger und das geplante Betreuungsgeld vorgeknöpft: »Die deutsche Unterschicht versäuft die Kohle ihrer Kinder!« Auch die Migranten würden für die 150 Euro im Monat lieber ein Häuschen in der Heimat zusammensparen, als das Geld in die Bildung ihrer Kinder zu stecken.

Pauschalpolemik eines Politpöblers oder doch die Wahrheit eines realistischen Kiezkenners? Kanzlerin Merkel meinte dazu: »Meine Wortwahl ist das nicht.« Sie räumte aber ein, dass es wohl besser sei, Hartz-IV-Empfängern das Geld als Gutschein zu geben für die Bildung ihrer Kinder – Buschkowsky also in der Sache recht habe.

Hat es also wieder einmal einer geschafft, durch überzeichnende Zuspitzung, durch Provokation und Klartext den Finger in eine Wunde zu legen.

Buschkowsky weiß, wovon er spricht. Da blickt keiner angewidert aus der Oberschichtperspektive eines Villenviertels auf »die da unten«. Der Sohn eines Schlossers wuchs in einer Kellerwohnung in Neukölln auf. Jetzt, als Bürgermeister, will er nicht mit ansehen, wie ein ganzer Stadtbezirk mit hoher Arbeitslosen- und Geburtenrate verkommt, weil Eltern die Zukunft ihrer Kinder schnurzegal ist. Aus dem Mann spricht nicht nur Wut, sondern die Sorge des Stadtvaters, der auf den Tisch haut, weil er zu Problemen, die eine ganze Generation ins Abseits bringen, nicht schweigen kann.

Natürlich soll man Familien nicht pauschal vorwerfen, sie könnten mit dem Betreuungsgeld nicht vernünftig umgehen. Doch gerade die Kinder, die Bildung und Erziehung am nötigsten hätten, werden von dem Geld am wenigsten profitieren.

Es darf nicht sein, dass Kinder als lukrative Finanzierungsquelle für Schnaps und Glotze herhalten. Der Staat muss sicherstellen, dass Kindergeld Geld für Kinder ist. Selbst der Preis einer stärkeren Kontrolle wäre dafür nicht zu hoch.

Sind unsere Schüler zu dumm
für eine Lehrstelle?

»Da läuft doch was schief, wenn wir Schulen in Afghanistan bauen und uns um die Bildung in der Dritten Welt sorgen, aber ich kaum noch einen halbwegs fähigen Lehrling finde.« Der Malermeister, der mir vor Monaten sein Leid klagte, hat nicht übertrieben. Aus einem Berufsbildungsbericht geht hervor, dass 15 Prozent der angebotenen Lehrstellen »wegen mangelndem Leistungsvermögen und unzureichender schulischer Qualifikation« nicht besetzt werden können. 47,3 Prozent der Jugendlichen brauchen zwischen Schule und Lehre einen »Grundbildungskurs«. Auf den Punkt gebracht: Fast die Hälfte der jungen Bewerber sind zu dumm für eine Lehre, weil sie in der Schule und zu Hause nicht genug gelernt haben.

Dabei geht es um das, was man Allgemeinwissen nennt. Der Meister, der einen Koch oder einen Bäcker ausbildet, muss erwarten können, dass der ein Rezept lesen kann und anschließend weiß, was ein Gramm, ein Pfund oder ein Viertelliter ist. Ein Malerlehrling, der je ein Drittel Farbe anmischen soll, muss solche Berechnungen beherrschen. Doch selbst in den beliebten Quizrunden von Pilawa oder Jauch bleiben viele an einfachsten Fragen hängen; unlängst wusste ein Pärchen mit Abitur nicht, wie viel Gramm ein halbes Pfund Butter hat.

Viele junge Leute können in Stümmelsprache simsen und chatten, aber keine ganzen Sätze schreiben oder ein Buch lesen. Die Berliner Industrie- und Handelskammer beklagt Defizite bei der Erziehung und der Allgemeinbildung: »Den Bewerbern fehlt es an sozialer Kompetenz wie Pünktlichkeit und Ordnung, ohne die eine Lehre nun mal nicht funktionieren kann.«

Wenn deutsche Politiker »Bildung made in Germany« zum Exportschlager hochjubeln und ständig von »Bildung für alle« schwafeln, unsere Schulen jedoch verkommen lassen, läuft etwas gehörig falsch im (Entwicklungs-)Land der Dichter und Denker.

Es sind ja unsere Kinder, denen wir die Chance auf Ausbildung rauben. Sie können wir nicht auf die Anklagebank setzen, noch nicht einmal nur die Lehrer, denn jede Elterngeneration hat bekanntlich die Kinder, die sie verdient. Und für die Großeltern wird's mal ganz schlimm. Wenn bald immer weniger Junge für immer mehr Alte sorgen müssen, von denen ein Großteil jedoch nicht ausbildungsfähig ist, gibt es für sie keinen schönen Lebensabend. Sondern nur stockfinstere Nacht.

Warum bilden unsere Universitäten so viele Fachidioten aus?

Ich musste an meinen früheren Physiklehrer denken, als ich von der Studie des Deutschen Industrie- und Handelskammertages (DIHK) hörte: Der, ein Pauker alten Stils, war nämlich das, was man einen Fachidioten nennt: Er hatte an der Universität viel theoretische Physik, aber wenig praktische Pädagogik gelernt. Er wäre bestimmt ein guter Tüftler geworden – ein Händchen für Schüler hatte er nicht. Sein Unterricht war eine Qual, er selbst eine tragische Figur.

Vergleichbare Praxisferne beklagt der DIHK bei unseren heutigen Hochschulabsolventen. Die seien zwar fachlich gut ausgebildet, doch für den Arbeitsalltag oft ungeeignet. Von 2175 befragten Unternehmen bemängelten 41 Prozent, dass die Studenten das Gelernte nur unzureichend im Berufsalltag umsetzen können. Mehr als zwei Drittel der Firmenchefs bezeichnen unsere Jungakademiker also als Fachidioten, ein schlechtes Zeugnis für den Bildungs- und Wirtschaftsstandort Deutschland!

Fahrlässig, dass die Warnungen aus der Wirtschaft bisher kaum Gehör finden, obwohl von dieser Seite immer wieder für eine praxisnähere Universitätsausbildung plädiert wird. An Fachhochschulen und Berufsakademien gibt es bereits das duale Ausbildungssystem, das in den USA üblich ist: Neben dem Studium müssen die jungen Leute in Betrieben arbeiten und dort Erfahrungen sammeln.

Ohne praktische Einblicke ins Berufsleben ist jedes Studium tote Theorie. Die Anforderungen der Arbeitswelt, so die DIHK-Studie, bestehen aus Teamfähigkeit, Verantwortungsbewusstsein, Einsatzbereitschaft und selbstständigem Arbeiten. Das lässt sich schwer in Hör(!)-Sälen lernen, dazu braucht es den Tatort Betrieb.

Das Gerede von notwendigen Auslandserfahrungen unserer Jungakademiker können wir übrigens getrost vergessen und uns das Geld sparen, den Firmen ist das völlig wurscht. So gut die in Deutschland angebotene Fachausbildung auch sein mag, so mangelhaft ist die Vermittlung von Herzensbildung und Menschenkenntnis. Als zweithäufigsten Grund, eine Probezeit zu beenden, nannten die Arbeitgeber die Selbstüberschätzung der jungen Mitarbeiter.

Unsere Elite: Einbildung statt Bildung.

Die reale Welt siegt über die virtuelle

Nichts fällt mir leichter, als diese Fehleinschätzung einzugestehen. Erinnern Sie sich noch an das Tamagotchi? So heißt ein japanisches Elektronikspielzeug, das 1997 sogar auf dem Schwarzmarkt gehandelt wurde, so begehrt war es.

Tamagotchi ist ein virtuelles Küken, um das man sich wie um ein echtes Haustier kümmern muss. Es will schlafen, essen, trinken und verlangt Zuneigung. Alles virtuell, selbst der Friedhof, den Fans im Internet eingerichtet haben.

Meine Fragen damals: Beherrschen Computerspiele und Internetnutzung bald unser Leben? Werden unsere Kinder nur noch vor dem PC sitzen, statt reale Freunde zu treffen oder sich um richtige Tiere zu kümmern?

Beobachtet man Jugendliche, so sind sie permanent mit einem Handy oder iPhone beschäftigt, sie verabreden sich über Facebook, chatten mit Freunden, schicken ihre SMS in Mickymaus-Sprache und vertiefen sich in Computerspiele statt in Gespräche. So scheint es jedenfalls.

Überrascht hat mich eine aktuelle Umfrage, nach der zwar 99 Prozent der Jugendlichen bis 18 Jahren online sind, doch wenn man sie vor die Alternative Computer oder Katze, Homepage oder Haustier stellt, so siegt die reale Welt über die virtuelle. Familie, Freunde und Haustiere sind den meisten wichtiger als das neueste Handy oder Computerspiel.

Die digitale Welt ist für Teenager nicht alles, sie gehen mit ihr vernünftiger um als vermutet. Sie mailen und chatten rund um den Globus, doch diese Globalisierung macht sie nicht gefühlskalt oder heimatlos. Man lernt neue Freunde und Kulturen kennen, aber man verabredet und besucht sich auch. Noch nie sind Jugendliche so viel gereist, waren so sehr an fremden Sprachen interessiert.

Der elektronische Reichtum hat nicht zur Kontaktarmut geführt. Der Computer kann Kuscheln mit der Katze nicht ersetzen, und die Facebook-Freunde will man irgendwann auch einmal real sehen.

Häufig lesen Kinder immer noch dicke Bücher, und die fühlen sich eben anders an als ein kalter Bildschirm. Der Liebesbrief von heute mag vielleicht per Mail oder SMS kommen, doch Händchenhalten und Sonnenuntergänge wollen als reale Romantik, nicht als virtuelle Vision erlebt werden. Unsere Kinder sind nicht anders als wir, die wir noch die Erfindung des Faxgerätes bestaunten.

Über eine Politik, die Banken rettet und bei den Kindern spart

Als hätten wir die Grundrechenarten außer Kraft gesetzt, als käme es auf eine Null mehr oder weniger gar nicht mehr an, wird mit atemberaubenden Summen jongliert. Mit 100 Millionen Euro, so viel wie rund 2000 Fließbandarbeiter zusammen im Jahr verdienen, soll Porsche-Chef Wendelin Wiedeking abgelöst werden. Bei Managern gilt wohl das Motto: Je geringer der Erfolg, desto höher die Abfindung. Mit 50 Millionen Steuer-Euro sollte sogar der Quelle-Katalog gerettet werden, ganz zu schweigen von den Milliarden und Abermilliarden, die uns die Sanierung des von Zockern zerstörten Finanzsystems kostet.

Für alles scheint Geld da zu sein. Da könnten wir Steuerzahler ja auf die Idee kommen, dass die Retter kranker Banken auch für die Gesundheit der Kinder etwas übrighaben.

Leider ein Irrtum! An ein paar Millionen scheiterte eine europäische Initiative, an Schulen künftig Obst zu verteilen. Dafür soll Deutschland 20 Millionen Euro von der EU bekommen. Unter der Bedingung allerdings, dass von unserer Seite noch 12,5 draufgelegt werden. Nicht Milliarden, sondern Millionen! Das ist noch nicht einmal eine ganze Million für jedes der 16 Bundesländer. Das sind im Vergleich zum Zahlenterror, über den wir ständig in den Wirtschaftsseiten der Tageszeitungen lesen, wirklich »Peanuts«, doch die deutsche Politik verlor sich mal wieder im Kleinkrieg der Kompetenzen und schmetterte das Projekt vorerst ab.

Wer heute beim Schulobst spart, wird es später teuer bezahlen müssen. Äpfel, Birnen und Bananen sind doch allemal besser als Cola und Schokoriegel, mit denen sich viele Schüler in den Pausen vollstopfen. 15 Prozent unserer Kinder sind zu dick, 1,6 Millionen leben mit ihren Eltern von Hartz IV, werden meist mangelhaft, zu fett und zu süß verpflegt. Die Millionen-Investition in Vitamine rechnet sich, denn je gesünder sich Kinder ernähren, desto weniger müssen die Krankenkassen später für die Erwachsenen zahlen. Wer als Kind Obst und Gemüse schätzen lernt, schützt sich als Erwachsener leichter vor falschen Essgewohnheiten.

Kompetenzgerangel und Knauserigkeit auf dem Rücken unserer Kinder sind ein Skandal. Wer Kinder in seinen Sonntagsreden unsere Zukunft nennt, sollte im Alltag Taten folgen lassen. Wer Opel-Milliarden lockermacht, dem sollten die paar Obst-Millionen als Zukunftsinvestition nicht zu viel sein.

Über misshandelte Kinder, unfähige Eltern und eine gleichgültige Gesellschaft

Mein erster Gedanke war: Hoffentlich bekommt diese Rabenmutter für ihre herzlose Tat eine gnadenlose Strafe, weggesperrt in den Knast, weit weg von ihren Kindern!

Doch dann entschied ich für mich, dass diese unfassbare Geschichte im Kern ja sogar eine gute Nachricht enthält: Die drei Kleinen, von ihrer Mutter in einer Pizzeria ausgesetzt, leben und sind gesund. Selbstverständlich ist das keineswegs: Der leibliche Vater sitzt nämlich in Haft, weil er seine damals sieben Wochen alte Tochter so heftig geschüttelt hatte, dass sie starb.

Wenn wir uns an die Schlagzeilen erinnern, die von misshandelten, missbrauchten, vermüllten und verhungerten Kindern erzählen, bin ich froh, dass die drei wohlbehalten wieder im heimischen Sauerland sind.

Doch wie konnte in dieser westfälischen Idylle so etwas passieren? Hatten Nachbarn und Verwandte keine Augen dafür, dass diese Mutter überfordert war? Familiär gescheitert, finanziell am Ende, frustriert vom Leben. Natürlich darf man die Tat nicht schönreden, indem man die Gesellschaft schlechtmacht. Doch wichtiger als Strafe sind die Fragen, die dieses Drama aufwirft.

Warum muss es immer erst bis zum Äußersten kommen, bis wir wach werden? Weshalb gibt es so wenig Anlaufstellen, an die sich überforderte Eltern ohne bürokratischen Ärger und soziale Ächtung wenden können?

Wir brauchen mehr Nachbarschaftsprojekte wie die Initiative »Zuhause für Kinder« in Bremen, die sich um sozial schwache Kinder kümmert und so auch die Eltern und Familien erreicht.

Wir dürfen nicht länger hinnehmen, dass das wertvollste Gut, das uns die Schöpfung anvertraut, schutzlos bleibt, weil wir hilf- und tatenlos danebenstehen. Kinder haben bei uns weniger Obhut und Obacht als Legehennen. Wer eine Geflügelfarm gründet, braucht eine Genehmigung und wird permanent kontrolliert. So wie wir in Deutschland eben fast alles geregelt und geordnet haben. Nur für das Wichtigste und Gefährdetste gibt es weder »Führerschein« noch Befähigungsnachweis – und viel zu wenig Kontrollen: Ich meine das Kinderkriegen, das Kindererziehen.

Ich weiß, dass bei diesem Thema »Patentrezepte« nicht ausgestellt werden können. Ein Schnüffelstaat, der auch noch die Privatsphäre kontrolliert, ist das Letzte, was ich mir wünsche. Aber wachsame Mitbürger, die eingreifen, wo seelische und soziale Verwahrlosung vermutet werden muss.

Ist es in Ordnung, wenn Rentnerproteste lauter sind als Kindergeschrei?

»Ja, dann ziehen Sie doch gleich auf den Friedhof!« Mit diesem Satz machte eine junge Mutter ihrer Empörung Luft, als sich ein älterer Mitbewohner über den Lärm der benachbarten Spielplätze beschwerte.

Daran musste ich natürlich sofort denken, als ich von der Forderung der Seniorenunion hörte, Kitas und Kinderspielplätze aus Wohngebieten zu verbannen. »Nicht nur Kinder haben Rechte, auch ältere Menschen. Und dazu gehört das Anrecht auf Ruhe«, argumentiert der NRW-CDU-Politiker Leonhard Kuckart.

Dabei ist die Bundesregierung doch endlich dabei, aus Worten Taten zu machen. Seit Jahren beklage ich in meiner Sonntagskolumne, dass sich unsere Gerichte mit Streitereien um Kinderlärm befassen müssen, während unsere Politiker Scheindebatten über Kinderrechte im Grundgesetz führen.

Machen wir uns nichts vor: In der Realität war Klima- oder Tierschutz doch immer wichtiger als Kinderschutz. Das will man nun ändern und prompt grätschen der Kanzlerin die Alten aus der eigenen Partei in die Parade. Typisch für eine Gesellschaft, die von Kindern entwöhnt ist.

Während wir artgerechte Tierhaltung fordern, gilt Kinderlärm nach Rechtslage immer noch als Umweltschaden. Diejenigen, die den ach so ruhebedürftigen Senioren die Renten sichern, sind also Schädlinge!

Ein Skandal, dass man bei uns gegen Kinderlachen

klagen kann, Baustellenlärm jedoch ertragen muss. Wenn Herr Kuckart nun das Geschrei der Kinder mit dem Hämmern von Pressluftbohrern vergleicht, bringt er diese Perversion sogar noch ungewollt auf den Punkt!

Als einer, der zwischen zwei Grundschulen und einem Spielplatz wohnt, weiß ich, wovon ich rede. An Mittagsschlaf ist oft nicht zu denken, und das Gekreische geht mir natürlich auch auf die Nerven. Aber ich verzichte doch lieber jetzt auf meine Ruhe, als später auf die Rente! Tot ist ein Stadtteil, der reich an Rollatoren und Autos, aber arm an Kindern ist.

Kinder gehören in die Mitte unserer Gesellschaft, nicht an den Rand. Und dahin will man sie verdrängen, wenn man sie aus Wohngebieten verbannt. Unsere Senioren sollten lieber darüber klagen, wenn es um sie herum zu still wird, totenstill ...

Die Jugend von heute ist ein Vorbild für die Generation von gestern

Das ist doch mal eine gute Nachricht, und deshalb darf sie auch nicht untergehen. Die neue Shell-Jugendstudie, für die Wissenschaftler alle vier Jahre 2500 Jugendliche zwischen 12 und 25 Jahren befragen, wäre für alle Zeitungen eine Schlagzeile wert gewesen, weil das Ergebnis so überrascht: Unsere Jugend ist zunehmend familienorientiert, politikinteressiert, sozial engagiert und optimistisch motiviert.

Das Gejammer über eine Jugend, die zu nichts mehr zu bewegen ist, nur rumhängt und den eigenen Spaß sucht, können wir getrost vergessen. Dabei ist dieses Gerede ja ohnehin uralt, und selbst große Geister konnten sich der Mode nicht entziehen, mit ätzender Kritik über die »Jugend von heute« zu schimpfen. Der griechische Philosoph Sokrates geiferte bereits vor 2400 Jahren: »Die Jugend liebt heutzutage den Luxus, hat schlechte Manieren, verachtet die Autorität, hat keinen Respekt vor den älteren Leuten und schwatzt, wo sie arbeiten sollte.«

Unsere heutige Jugend kann Herr Professor Sokrates damit nicht meinen, denn es tut sich was in der jungen Generation. Familie spielt für 76 Prozent der Befragten eine wesentliche Rolle zum glücklichen Leben, 69 Prozent wünschen sich eigene Kinder. Bei der Religion gibt's Nachholbedarf für die christlichen Kirchen. Glaube hat allein für Jugendliche mit muslimischen Wurzeln eine wichtige, ja zunehmende Bedeutung.

Einen Wermutstropfen gibt es allerdings: Der Optimismus hängt von der Herkunft ab. Mädchen und Jungen aus sozial schwachen Familien fühlen sich oft abgehängt. Die gut gebildete Mittel- und Oberschicht ist dagegen mit ihrem Leben sehr zufrieden und hofft sogar darauf, den Traumjob zu ergattern. Zukunft und Bildung sind also zwei Seiten derselben Medaille, eine Herausforderung an die Politik, endlich zu handeln und die soziale Kluft zu überwinden!

Weder Wirtschaftskrise noch unsichere Berufsperspektiven lassen unsere Jugendlichen resignieren. Im Gegenteil: Sie sind motiviert. Und es wachsen nicht nur kleine Egoisten auf, denn das soziale Engagement nimmt immer stärker zu. Damit ist unsere Jugend ein Vorbild für uns Ältere, die wir doch allzu gern ein Klagelied anstimmen, wo hoffnungsvolle Töne angebracht wären. Von der Zuversicht unserer Kinder können wir uns eine Scheibe abschneiden!

Ist die Rente mit 67
eine Chance?

Nun haben wir endlich ein weiteres Sommerloch-thema, mit dem sich Politiker profilieren und Parteien positionieren wollen: der Streit um die Rente mit 67. In meinen Augen eine absurde Debatte, die auf dem Rücken derer ausgetragen wird, für die mancher Gutmensch sich einzusetzen glaubt.

Denn was bei denen, die an einem früheren Renteneintrittsalter festhalten wollen, wie eine Wohltat für ältere Arbeitnehmer aussieht, nimmt ihnen, genau betrachtet, das, was man zu sichern vorgibt: Wert und Würde.

Natürlich sind Menschen kein »Humankapital«, wie es zynisch heißt, keine Rädchen im Getriebe ihrer Betriebe, die so lange aus- und abgenutzt werden, bis sie schrottreif sind.

Unsere Arbeitswelt muss sich jedoch den neuen Bedingungen anpassen: Ältere werden immer mehr gebraucht, weil immer weniger Jüngere nachwachsen. Zudem hat sich der Begriff »Alter« längst verändert, obwohl noch immer der Eindruck entsteht, als lebten die Gegner der Rente mit 67 im vorigen Jahrtausend, als der Oheim mit 65 im Lehnstuhl saß oder sein Seniorendasein auf Butterfahrten verbrachte.

Ich kenne Menschen um die 60, die es mit jedem 30-Jährigen aufnehmen. Viele 70-Jährige sind heute besser drauf als früher jemand mit 50. Viele unserer Senioren sind agiler und mobiler, motivierter und engagierter als die entsprechende Generation unserer Vorfahren. Lebenserwartung, Gesundheit, Fitness – all das ist nicht mehr mit dem zu vergleichen, was wir aus den Erzählungen unserer Großeltern kennen.

Unsere Gesellschaft macht sich arm, wenn sie den Reichtum an Lebens- und Berufserfahrung, an Menschenkenntnis und Herzensbildung, den ältere Arbeitnehmer einbringen können, brachliegen lässt. Der lächerliche Jugendwahn vergangener Zeiten ist längst der Erkenntnis gewichen, dass Ältere nicht Belastung, sondern Bereicherung für die Arbeitswelt sind.

Von Antoine de Saint-Exupéry, dem Dichter des »Kleinen Prinzen«, stammt der schöne Gedanke: »Das Alter ist wie ein Schiff mit einer Fracht voller Lebenserfahrungen.« Solche »Schiffe« gehören nicht in den beschaulichen Rentner-Hafen abgeschoben, sondern in das Meer unserer Arbeit integriert.

Dafür Modelle zu schaffen gehört zu den Aufgaben der Politiker. Wohlfeiles Wühlen im Sommerloch zählt hingegen nicht dazu.

Das Abenteuer Auswandern und der Exodus der besten Köpfe

Nüchterne Zahlenkolonnen in Statistiken sind langweilig, schnell blättert man weiter. Doch die Statistik im jüngsten Migrationsbericht der Bundesregierung hat es in sich: Immer mehr Deutsche verlassen Deutschland. Erstmals seit 25 Jahren sind mehr Menschen aus- als eingewandert. Exakt 682 146 Personen zogen vergangenes Jahr zu, 737 889 fort. Täglich verliert Deutschland ein ganzes Dorf!

Nun könnte man zur Tagesordnung übergehen nach dem Motto »Reisende soll man nicht aufhalten«. Wem es hier nicht gefällt, der kann gehen und sein Glück woanders suchen, schließlich leben wir Gott sei Dank endlich in ganz Deutschland mit offenen Grenzen. Doch die Zahlen alarmieren, denn es gehen nicht die Aussteiger mit Rucksack und Gitarre, sondern meist die Motivierten, die Qualifizierten und gut Ausgebildeten. Forscher und Facharbeiter, Ärzte und Handwerker ziehen zu Zehntausenden weg, weil die Schweiz, die USA oder Skandinavien bessere Bedingungen bieten.

Was läuft falsch bei uns, dass laut Allensbach-Umfrage jeder Fünfte am liebsten »Good Old Germany« den Rücken kehren möchte? Im Wirtschaftswunder der 1960er-Jahre dachte nur jeder Zehnte darüber nach. Während es bei uns 23 000 offene Stellen für Ingenieure gibt, suchen viele lieber im Ausland einen Job. Die Wirtschaft beklagt bereits den »Exodus der klügsten Köpfe«. Selbst die deutsch-türkische Elite wandert wieder ab, warnt Migrationsforscher Klaus Jürgen Bade: »Es besteht die Gefahr, dass die Tüchtigen Deutschland verlassen, während die Chancenlosen bleiben, weil es nirgendwo ein vergleichbares Sozialsystem gibt.«

Doch wer aus Frust über Bürokratie, hohe Steuern oder schlechte Berufschancen auswandert und meint, jenseits deutscher Grenzen warten ausschließlich Schlaraffenländer, sollte bedenken: Er verdankt Kindheit und Jugend, Bildung und Ausbildung genau diesem »System« und jenen Steuerzahlern, die anscheinend zu dumm waren, rechtzeitig abzuhauen. Jeder der 2009 in die Schweiz gewechselten 3100 Ärzte hat die deutschen Sozialkassen und den öffentlichen Haushalt rund eine Million Euro gekostet.

Besonders dreist finde ich es, wenn Rentner hochmütig über Deutschland jammern und sich im warmen Süden ein schönes Leben machen, um reumütig zurückzukommen, wenn sie unsere Hochleistungsmedizin oder unser Pflegesystem brauchen. Wir sollten aufhören, unser Land, das weltweit beneidet wird, schlechtzumachen. Unsere Politiker müssen sich vorsehen, dass Deutschland im Wettkampf um die besten Köpfe nicht länger das Nachsehen hat.

Über Fahrverbot für Alte und Senioren auf dem Abstellgleis

Sollen ältere Autofahrer künftig zum Senioren-TÜV, um ihre Fahrtauglichkeit nachzuweisen? Über solche Tests wird heftig gestritten, nachdem ein 79-Jähriger im Sauerland in einen Schützenumzug gerast war. Drei Tote und mehr als 50 Verletzte sind zu beklagen. Aus welchem Grund der Rentner in die Menge fuhr, ist unbekannt, doch fordern Politiker der Grünen und der Linkspartei jetzt, das Thema Tauglichkeitstest auf die Tagesordnung des Bundestages zu setzen.

Macht sich, wer das verlangt, auch klar, was es für einen älteren Menschen bedeutet, von heute auf morgen seine Fahrerlaubnis zu verlieren?

»Dann steht man wirklich auf dem Abstellgleis«, meinte mein Vater, als wir darüber sprachen. Er ist bis zum 85. Lebensjahr noch Auto gefahren, immer unfallfrei, und es bedurfte aller Überredungskünste der Familie, ihn schließlich davon abzubringen.

Ob wir denn dächten, er sei nicht mehr richtig im Kopf?, wehrte er oft genug beleidigt ab. Doch irgendwann waren die Schrammen und Beulen am Familien-Opel nicht mehr zu übersehen und eine neue Verkehrsregelung in der Stadt für ihn nicht mehr zu überblicken. An diesem Punkt gab Vater regelrecht auf, ein Stück weit auch sich selbst, weil mit dem Auto Freiheit und Lebensqualität verlorengingen.

Mein Vater gehörte zu jener Generation, für die das eigene Auto Symbol für Wohlstand und Wohlbefinden darstellte. Unser Opel Rekord war in den 50er-Jahren Ausdruck von Freiheit und Abenteuer. Man war unabhängig von Bus und Bahn, konnte die Großeltern besuchen, zum Einkaufen und in den Urlaub fahren.

Nachdem er den Führerschein abgegeben hatte, zog sich Vater allzu oft in seine vier Wände zurück. Ohne Auto war er nicht mehr sein eigener Herr, sondern nur noch der Knecht seines Alters.

Heute gleichzeitig über die Rente mit 67 und den Senioren-TÜV zu diskutieren, ist verlogen. Wer fit genug zum Arbeiten ist, kann auch ein Fahrzeug lenken. Statistisch verursachen ohnehin Fahranfänger die meisten Unfälle. Und dort, wo es Tauglichkeitstests gibt wie in der Schweiz, sind die Unfallzahlen keineswegs niedriger.

Nicht der Staat ist mit neuen Gesetzen gefordert, sondern die Nachgeborenen mit der alten Tugend, sich so um die Senioren zu kümmern, dass sie mobil bleiben. Im Kopf und auf der Straße.

Wer hilft mir beim Kampf gegen die Angst vor dem Alter?

Dass ich zum Pessimismus neige, sagt mir niemand nach. Doch zurzeit ist selbst mir gelegentlich bange. Während wir nämlich Griechenland und den Euro retten, das Land auf Windenergie umstellen und mit einer Frauenquote beglücken, verschlafen wir nach meiner Befürchtung das wichtigste Zukunftsthema unserer Gesellschaft: die Angst vor dem Alter. Damit meine ich nicht den Blick in den Spiegel, wenn das erste graue Haar sichtbar oder das nächste Zahnimplantat fällig wird.

Als Michael Diekmann, Chef der Allianz-Versicherung, gefragt wurde, was er für das größte Risiko in Deutschland hält, sprach er von Terror, Inflation und Jugendgewalt. Dann folgte seine überraschende Antwort: »Das größte Risiko ist das Alter.« Die Zahlen sprechen für sich: In 20 Jahren wird es 3,4 Millionen Pflegebedürftige geben, eine Million mehr als heute. Zugleich gibt es immer weniger junge Leute, und die sind auf dem Arbeitsmarkt hart umworben und für die viel zu schlecht bezahlten Jobs in der Altenpflege schwer zu begeistern. 950 000 Fachkräfte fehlen im Jahr 2030, wenn sich nichts ändert.

Viele machen sich Sorgen, ob das Geld für einen würdigen Lebensabend reicht, ob genug Pflegekräfte da sind, wenn es einem schlecht geht, und wer sich um einen kümmert, wenn man allein lebt. Jetzt, wo nach der Abschaffung der Wehrpflicht auch die Zivis ausfallen, an deren Dienst man sich so sehr gewöhnt hatte, bleibt die Frage: Wird es genug Freiwillige geben, die einspringen? Gibt es überhaupt genug Gemeinsinn und Nachbarschaftshilfe in unserer Gesellschaft, oder sind wir ein Land von Egoisten? Bei meiner Mutter, 84, erlebe ich gerade, wie es gehen kann, wenn Nachbarschaft und Familie zusammenhalten. Professionelle Hilfe benötigte sie kaum, als sie nach Herz-OP und Reha wieder zurück ins Elternhaus kam. Da gab es Nachbarn, die einsprangen, und eine Cousine, die regelmäßig vorbeischaute.

Doch was machen die Senioren, die in unserer individualisierten Single-Gesellschaft niemanden haben? Selbst Junge packt heute die Panik vor dem Alter, wenn sie die dramatischen Zukunftsprognosen hören. Nächstenliebe lässt sich nicht verordnen, aber wer erwartet, dass ihm später einmal geholfen wird, der muss jetzt selbst mit anpacken. Und die jungen Leute, die das bereits tun, sind die Helden des Alltags. Sie bewahren unsere Gesellschaft vor einem moralischen Bankrott – und bewahren uns davor, ohne Hoffnung alt werden zu müssen.

Die Kraft der Osterbotschaft

Nur drei Wörter sind es, aber kaum eine der großen Obama-Reden kommt ohne sie aus: »Yes, we can!« Jeder versteht diesen Satz inzwischen. Auch nur drei Worte fassen das biblische Ostergeschehen zusammen, doch damit tun wir uns schwer, weil der Verstand dagegen rebelliert: »Er ist auferstanden!«

Dabei hat Gott vor knapp 2000 Jahren, nach dem traurigen Karfreitag, nichts anderes getan, als dieses »Yes, we can!« in die Tat umgesetzt. Sein Sohn Jesus Christus, am Kreuz verblutet, begraben, betrauert – doch nach drei Tagen, am Ostermorgen, zeigt Gott, was er kann: Das Grab ist leer, Jesus ist auferstanden und lebt. Das Leben triumphiert über den Tod. Nirgendwo kommt dieser Osterjubel, diese Lebensfreude so deutlich zum Ausdruck wie in Johann Sebastian Bachs Kantate, die er für den Ostersonntag 1715 in Weimar komponierte. Fortissimo mit Pauken und Trompeten lässt er die Chöre schmettern: »Der Himmel lacht! Die Erde jubilieret!«

Aus einer unfassbaren Zumutung an unsere Vernunft wird eine ungeheure Zuversicht für unsere Existenz. Die Auferstehung, eingebettet in die Wirklichkeit des antiken Jerusalem, akribisch genau mit Zeit-, Orts- und Namensangaben aller Beteiligten beschrieben, kann unser Leben und Denken, unser Hoffen und Sehnen bis heute prägen. Gott hat dem Tod die Macht genommen, Gott geht über das Leid nicht hinweg, weder über das in Winnenden noch über das Leid in den Abruzzen. Er hat Jesus in die Ohnmacht des Todes geschickt, damit niemand mehr sagen kann: Der Allmächtige schwebt über den Wolken und lässt uns auf Erden im Stich.

Der Glaubende weiß: Wer hofft, hat schon jetzt etwas davon, weil er dem Leid des Lebens und dem Elend der Welt ein trotziges »Yes, we can!« entgegensetzen kann. Die Hoffnung ist stärker als die Angst.

Und sie sollte allemal stärker sein als das kleingeistige Grummeln darüber, dass man am Ostermontag nicht shoppen gehen kann. Dass der Lieblingsitaliener am Sonntag geschlossen hat und die Terrasse des Eiscafés von Pfingst-Touristen gestürmt wird.

Nicht ärgern, nicht murren, nicht rummaulen: »Der Himmel lacht! Die Erde jubilieret!« In diesem Sinne: Frohe Ostern!

Meine Osterhoffnung: Dass meine Mutter den Kampf um ihr Leben gewinnt!

Ausgerechnet zu Ostern, dem Fest der Hoffnung, dem Herzen und Zentrum des christlichen Glaubens! Ausgerechnet jetzt also hat die eigene Mutter mit 84 Jahren eine Operation zu überstehen, und mir, dem Sohn, ist plötzlich wenig nach Feiern und Ferien zumute, und trotz Sommersonne im April legt sich ein langer Schatten aufs Gemüt.

Wenn das Leben am seidenen Faden hängt, wird das Wichtige wirklich wichtig. Dann sind es nicht die frühen Krokusse im Kurpark als Sinnbild für das Erwachen der Natur. Stattdessen klammert man sich an die Trostaussage der Osterbotschaft, die vom Leben angesichts des Todes spricht und von einer Hoffnung, die größer ist als alles Leid dieser Welt.

Nachdem ich abends aus der Heimat darüber informiert wurde, dass meine Mutter wegen akuter Herz- und Atemprobleme wieder einmal vom Notarzt abgeholt worden ist, begann eine schlaflose Nacht. Als dann im Herzzentrum von Bad Oeynhausen sofort operiert werden musste – drei Bypässe in drei Stunden –, fand ich wieder keinen Schlaf. Würde alles gutgehen, wird Mama je das Elternhaus wiedersehen können, in dem sie seit Vaters Tod allein lebt und wirtschaftet?

Früher waren es die Eltern, die schlaflose Nächte durchlitten, weil der Sohn 1973 ausgerechnet während des Yom-Kippur-Krieges durch den gefährdeten Norden Israels reiste. Oder weil er daheim als Fünfjähriger in letzter Sekunde mit Erfrierungen aus einem Brunnen gerettet wurde, weil er wieder einmal nicht hatte hören wollen.

Im Alter der Eltern dreht sich das um: Da ist es der Junge, der sie hilfsbedürftig und hinfällig erlebt. Obwohl die Eltern doch für immer als Beschützer, als Unverletzliche und Unsterbliche erschienen. Jetzt aber bangt man und hofft auf die ärztliche Kunst, auf den Segen Gottes und eine Narkose ohne Nebenwirkungen.

Es jagt nun so manches durch den Kopf, was gern verdrängt und vergessen wird. Als ich auf die Welt kam, bedeutete die Geburt für meine Mutter 30 Tage Klinik, jetzt entscheidet sich alles in drei OP-Stunden – und ich war dieses Jahr nur ganze dreimal zu Besuch...

Nun besuche ich sie nach gelungener Operation auf der Intensivstation, weiß wie die Kissen, an Schläuchen und Geräten, aber völlig klar und voller Lebensmut; betreut von den freundlichen und fähigen Ärzten und Schwestern im Weserbergland.

Das Gebot »Ehre Vater und Mutter« ist kein bloßer Appell an den Gehorsam der Jugend, sondern ein Auftrag für das Alter der Eltern. Die Diskussion über kostenintensive Medizin für Senioren verstummt, wenn der eigenen Mutter noch ein paar unbeschwerte Jahre geschenkt werden können.

Und es tröstet an Ostern, sie nicht allein in der Behandlung guter Ärzte, sondern in der Hand Gottes wissen zu dürfen.

Weil Gott nicht überall gleichzeitig sein kann, schuf er die Mutter

Ob das für mich diesmal ein besonderer Muttertag sei, fragte mich eine Dame gestern beim Bäcker. Als Leserin meiner Kolumne wusste sie alles über die Herzoperation, die meine Mutter gerade überstanden hat, und zeigte Anteilnahme. Und: Ja, es ist für einen Sohn ein ganz besonderer Muttertag, wenn der Mutter mit ihren 84 Jahren das Leben noch einmal neu geschenkt wird.

Als ich den behandelnden Oberarzt in Bad Oeynhausen fragte, wie belastbar meine Mutter künftig noch sei, erklärte der mir: »Sie hat ein neues Herz und ist fit wie eine 70-Jährige.« Da fällt einem nicht nur ein Stein vom eigenen Herzen, da wird man demütig und dankbar für ein Geschenk, das wie ein Wunder wirkt. Das Herz ist nach all den Infarkten und der Atemnot wieder voll funktionstüchtig.

Doch ob krank oder gesund, ob alt oder jung, ob am heutigen Sonntag allein oder im Kreise der Familie: Das Herz einer Mutter schlägt immer für ihr Kind. »Es ist viel schlimmer für die Mutter, ihren Sohn verloren zu haben«, meinte Joachim Fuchsberger unter Tränen, als ich ihn beim TV-Talk »hart aber fair« fragte, wie er denn mit dem tragischen Tod seines Sohnes fertigwerde. Für seine Frau sei das so, als wenn man ihr das Herz aus dem Leibe gerissen hätte.

»Keine Liebe auf Erden kommt der Liebe der Mutter gleich«, lautet eine Weisheit der Bibel. Und die Amerikaner haben das schöne Sprichwort: »Weil Gott nicht überall gleichzeitig sein kann, schuf er die Mutter.«

Ich freue mich, dass es neben all den überflüssigen Unsinns-»Tagen« für Fahrrad und Milch, für Bier und Bäume, für Boys und Girls diesen einen besonderen Tag im Kalender gibt, der ehrt, wem wirklich Ehre gebührt.

Wenn der Muttertag trotzdem zur Alibi-Veranstaltung für die Gewissensentlastung von Kindern und Vätern verkommt, sind wir selbst schuld. Ein Leben ohne Traditionen ist arm, und der Muttertag ist nicht der schlechteste Brauch.

Doch macht Muttertag nur Sinn, wenn sich unsere Dankbarkeit auch dann noch zeigt, wenn der Blumenstrauß von heute längst verwelkt ist.

Damals: Muttertag 1996

Liebe Mutti, heute ist Dein Tag, es ist Muttertag. So steht es sogar auf dem Kalenderblatt, weil man Kinder wohl für vergesslich hält. Der Kalendermann hat ja irgendwo recht: Wir Kinder – die großen, die kleinen – vergessen das Gedenken und das Danken.

»Sag schön danke«, mahntest Du mich vor vier Jahrzehnten, wenn es beim Schlachter die Scheibe Wurst gab oder die Karamellbonbons vom Kinderarzt.

Jetzt ist es höchste Zeit, dass ich Dir wieder mal Danke sage. Denn der Dank an Dich war eigentlich immer zu klein, zu kurz, zu wenig. Heute bietet sich sozusagen ein kalendarischer Anlass, manches Versäumnis nachzuholen. Der Grund allerdings, liebe Mutti, ist Herzenssache. Und Erinnerung.

Wie war das früher aufregend: Die Blumen zum Muttertag stellte ich Samstagabend in den Keller, Fresien, weil Du die so gern hast. Dass ich sie einmal in der Vase zwischen Einmachgläsern versteckte und die dann umfiel und zerbrach – Du hast Dir nichts anmerken lassen, obwohl die Vase ein Erbstück war.

Und über mein Gekritzel, das ich Dir ans Bett brachte, hast Du Dich gefreut, als sei es ein Kunstwerk. Obwohl mir die Noten im Zeichenunterricht später stets die Zeugnisse verdarben.

Dass beim Tischdecken – Du musstest ja im Bett bleiben – mal was kaputtging, auch das hast Du übersehen. Und die dicken Fehler, die in meinem »Selbstgedichteten« waren. Wie sehr Dich das gerührt hat, wurde mir erst Tage später bewusst. Als Du wieder einmal so enttäuscht warst über uns Kinder, weil wir noch nicht einmal bereit waren, unser Spiel für einen winzigen Botengang zu unterbrechen. »Na ja, Muttertag ist eben vorbei ...«

Das sitzt bis heute.

Manchmal sehe ich mir alte Fotos an. Wie glücklich Du warst, als Du mich im Arm hieltest. Und dann höre ich Papa, der mich groß gewordenen Frechdachs mit bebender Stimme mahnte: »Weißt Du, dass Mutti wegen Dir sechs Wochen nach der Geburt im Krankenhaus bleiben musste!« Dann schämte ich mich richtig.

Erinnerungen ...

Mutti, Du hast an meinem Bett gewacht und gebetet, mir geholfen, meine Kinderkrankheiten zu überstehen, hast meine Faulheit ertragen und ein Auge zugedrückt, wenn ich wieder mal zu spät nach Hause kam.

Mütter sind Weichensteller unseres Lebens. »Keine Weisheit, die auf Erden gelehrt werden kann, vermag uns das zu geben, was ein Wort, ein Blick der Mutter gibt«, schrieb der Dichter Wilhelm Raabe. Er hatte recht: Alle Stationen meines Lebens hast Du begleitet, durch gute und auch schlechte Zeiten. Vor Leichtsinn bewahrt das – und vor Verzweiflung.

Liebe Mutti, auch das darf ich Dir heute sagen: Manchmal hat es genervt. Beim Abmelden in den Urlaub: »Nimm genug warme Sachen mit.« Oder kurz nach der »heute«-Sendung der Anruf im Büro: »Du musst dringend wieder zum Friseur.« Aber irgendwie würde es mir auch fehlen ...

Ich denk an Dich. Und ich danke Dir. Denken und Danken gehören nämlich zusammen. Wer nicht mehr dankt, wird gedankenlos. Deshalb ist mir dieser Tag so wichtig, auch wenn Du immer wieder abwehrst. »Junge, lass doch!« Nein, Mutti, Dein Junge lässt es nicht. Und wenn es heute Nachmittag bei Dir klingelt, dann bin ich es...

Dein dankbarer Sohn Peter

PS: Peter Hahnes Mutter Erika (84) lebt in ihrem Haus in Minden, sein Vater Willy ist 2008 im Alter von 87 Jahren gestorben.

Why Oettinger must not shame
for his Spätzle-English

Wann erreicht ein Europapolitiker schon mal mehr als zwei Millionen Klicks im Internet mit einer Rede? EU-Kommissar Günther Oettinger hat es zwar beim Video-Portal YouTube zum Hit gebracht, doch die »Fans« gießen Hohn und Spott über den Schwaben. »Oettinger Talking English – Worse than Westerwave« ist die Passage betitelt, Oettinger spricht schlimmer Englisch als Westerwelle.

Hatte der Außenminister mit seiner eigenwilligen Englisch-Grammatik schon eine Spaß-Fan-Welle ausgelöst, so steht nun der Wahl-Brüsseler am elektronischen Pranger. Grund ist Oettingers Aussprache in einer Ansprache, bei der er um jedes Wort kämpft und englisches Vokabular in deutsche Lautlehre presst. Amerikanische Zuhörer verstehen beim schwäbischen Englisch nur spanisch.

Muss man sich fremdschämen? »Der Mann ist ungeeignet für sein Amt«, lautet noch der harmloseste Kommentar zu Oettingers Schwänglisch. Warum eigentlich? Muss ein Deutscher perfekt Englisch sprechen, muss er seinen Akzent verstecken? Über Altbundeskanzler Helmut Schmidt kursiert der Witz, er bringe selbst Amerikanern noch feinstes Oxford-Englisch bei, doch Kohl und Adenauer beherrschten die Weltsprache nicht und stehen dennoch im Geschichtsbuch.

Natürlich hilft es, wenn sich Manager etwa beim Weltwirtschaftsforum in Davos ohne Dolmetscher verständigen können. Sie werden fürs Big Business und nicht für Small Talk bezahlt. Doch diplomatische Verhandlungen, wo jedes Wort auf die Goldwaage gelegt und protokolliert wird, können in der jeweiligen Landessprache geführt werden. Wer für Vater Staat unterwegs ist, sollte seine Muttersprache benutzen dürfen und sich seines Akzentes nicht schämen müssen. Statt deutscher Überheblichkeit empfehle ich amerikanische Gelassenheit: Strahlend bescheinigen die Amis jedem Touristen, selbst das radebrechendste Amateur-Englisch sei »wonderful and perfect«.

Ich möchte in Deutschland von wichtigtuerischem Denglisch und Kauderwelsch verschont bleiben, unsere Sprache ist besser als alle Scheinweltläufigkeit. Deshalb sollte Peter Ramsauer, der im Verkehrsministerium »Travel-Management« wieder zur Reisestelle macht, auch schnell die pseudoenglischen Durchsagen in den Zügen verbieten. Und unsere Politiker sollten reden dürfen, wie ihnen der Schnabel gewachsen ist. Bedenke: Auch ein Lothar Matthäus wurde trotz trauriger Vergewaltigung der Weltsprache Weltmeister.

Macht mich Hochdeutsch zum Weltmann und Dialekt zum Provinzler?

Ein junger Polizist auf der Titelseite, einer von denen, die bei der Berliner Randale am 1. Mai wieder ihren Kopf hinhalten müssen und diesmal keine warme Mahlzeit bekommen werden. Dazu die Schlagzeile: »Nur olle Stullen für unsere Bullen.« Das war auf den Punkt gebracht und reimte sich sogar, was die Kollegen der Hauptstadtzeitung »BZ« titelten. Im Blatt dann noch mehr Griffiges in Großbuchstaben: »Is nich ville mit Idylle«, stand über einem Artikel zur trostlosen Umgebung des Hauptbahnhofs. Nicht nur diese knackigen Zeilen waren knorke, wie der Berliner sagt, das komplette Blatt erschien »uff Berlinisch«. Politik, Sport, TV-Programm, Kultur, Klatsch und Tratsch – mit Ausnahme der Anzeigen war die gesamte Zeitung im Dialekt der Stadt geschrieben.

Laut Emnid-Umfrage schätzen 69 Prozent der Deutschen den Berliner Dialekt, obwohl ihn nur noch die Hälfte der Spree-Athener spricht. Beliebt ist »Icke, Olle, Dette« vor allem bei den Älteren, aber auch bei 81 Prozent der Grün-Wähler. Mundart kommt wieder in Mode, Dialekt hat Konjunktur. Die Zeit ist vorbei, als jedermann bemüht war, krampfhaft Hochdeutsch zu sprechen, um weltmännisch und nicht provinziell zu wirken.

Der Blödsinn, seine Sprachfärbung zu vertuschen, war für mich allerdings ein persönlicher Glücksfall. So kam ich als 21-Jähriger vors Radiomikrofon, als beim

Saarländischen Rundfunk eine Moderatorin kurzfristig ausfiel und jemand gesucht wurde, der »akzentfrei« Deutsch spricht. Das war für den Ostwestfalen im Saarland die Chance, ähnlich wie für meinen damaligen Kollegen Jan Hofer, jetzt Chefsprecher der »Tagesschau«.

Heute setzt man auf Dialekt, die Schwaben haben daraus sogar den selbstbewussten Slogan gemacht, sie könnten alles außer Hochdeutsch.

Dialekt ist eben mehr als der kleine Bruder unserer Sprache, er ist wie ein lieber Verwandter, bei dem man sich wohl fühlt, der Geborgenheit und Heimat vermittelt. Sprachfärbung gibt Identität, ist ein Stück Persönlichkeit und Gegensteuern zur Globalisierung. Wenn von China bis in den Bayerischen Wald schon alle bei McDonald's das gleiche Frühstück auf dem Tablett haben und halb Europa eine Währung hat, soll doch wenigstens die Sprache etwas Eigenes sein – und nichts Eigenartiges mehr, dessen man sich schämen müsste.

Hat Gabriels SMS an Frau Merkel
die Kultur der Kurznachricht verändert?

Rund 51 Milliarden SMS verschicken die Deutschen pro Jahr, Tendenz steigend. Immer häufiger nutzen die Bundesbürger den Short Message Service ihres Mobiltelefons, um knappe und schnelle Nachrichten zu versenden.

Zwei solche SMS sorgten im Sommer 2010 für Wirbel in Berlin, waren sie doch politisch brisant. SPD-Chef Sigmar Gabriel tippte gleich eine ganze Brieflänge in sein Handy, um der »sehr geehrten Frau Bundeskanzlerin« zu empfehlen, Joachim Gauck zum gemeinsamen Bundespräsidenten-Kandidaten zu küren, »für den Fall, dass in der Koalition die Meinungsbildung noch nicht abgeschlossen ist«. Die Antwort kam wenig später, einsilbig und eindeutig im klassischen SMS-Stil: »danke für die info und herzliche grüsse am« – »am« stand für Angela Merkel.

Gabriel hat damit die Kurznachrichtenkultur im doppelten Sinn verändert: Er schrieb formvollendete Sätze im Stil eines persönlichen Briefs in sein Handy, und anschließend wurde der Wortlaut der SMS-Diplomatie in die Öffentlichkeit gespielt. Merkel war sauer, ist für die leidenschaftliche Simserin dieser zeitsparende Kommunikationsweg doch der Austausch knapper vertraulicher Nachrichten, bei denen man auf Höflichkeitsfloskeln und Förmlichkeiten verzichten kann.

Darf man künftig also nur noch das versenden, was jeder wissen darf? Gilt für die Handykommunikation kein »Briefgeheimnis«? Dann schrumpft diese moderne Nachrichtenübermittlung zum bloßen Austausch von Banalitäten wie »2g4u« (too good for you – zu gut für dich). Das wäre schade.

Allerdings gibt es Mitteilungen, die sich zur Short Message nicht eignen. Wenn ich jemand zur Hochzeit gratulieren oder zum Trauerfall kondolieren will, dann schreibe ich einen Brief und gebe keine Mickymaus-Kürzel ins Handy ein. Wenn sich Promis brüsten, sich von ihrer Frau per SMS getrennt zu haben, dann ist das würde- und stillos. Ganz zu schweigen von peinlichen Pannen, bei denen eine persönliche Nachricht per Verdrücker den falschen Adressaten erreicht. Darüber sind schon Ehen zerbrochen.

Wir sollten uns auch beim Simsen die Vertraulichkeit erhalten. Doch zur Handykultur gehört auch der Handyknigge, der uns die Grenzen spüren lässt, wo der Anstand die Form einer Kurznachricht verbietet.

Über digitales Geschwätz und den Wert realer Freundschaft

Vor ein paar Tagen habe ich ein neues Wort gelernt, leider wieder einmal in diesem kuriosen Denglisch, doch mit durchaus tiefsinniger Bedeutung: sociability-müde.

Soziologen haben diesen Begriff erfunden, weil sie einen neuen Trend ausgemacht haben: Immer mehr junge Leute sind erschöpft von der digitalen Geselligkeit und verabschieden sich von den elektronischen Kommunikationsmethoden. Statt Chatten kommt das persönliche Gespräch wieder groß in Mode.

Wer hätte das gedacht, sah man doch allerorten nur noch Jugendliche mit Handy am Ohr oder dem Blackberry in der Hand, um zu simsen oder E-Mails zu schicken. Ganz gleich ob zu zweit oder in der Gruppe, man war mit sich selbst und seinem virtuellen »Gesprächspartner« beschäftigt, das direkte Gegenüber geriet zur Kulisse.

Internetforen mit ihren Chatrooms können süchtig machen, ersetzen für viele persönliche Kontakte. Allein in den USA sind 45 Prozent der Bevölkerung in elektronischen Netzwerken wie Facebook oder MySpace aktiv. Wer nicht dabei ist, gilt als uncool und out. Doch immer mehr verabschieden sich nach neuesten Studien von diesem digitalen Geschwätz zugunsten des realen Gesprächs. »Mehr als 600 Facebook-Freunde können den einen Freund nicht ersetzen, der mir gegenübersitzt und den ich kenne«, wird ein Student zitiert. Beim Chatten kann man sich nie sicher sein, ob der Partner auch wirklich der ist, für den er sich ausgibt, selbst Fotos können gefälscht sein. Er nennt diese Chatrooms einen »menschlichen Zoo, wo das Leben von anderen Leuten mit oft ernsten Problemen nur zur Unterhaltung dient«.

Wer prophezeit hat, die bunte Internetwelt werde aus dem Sozialwesen Mensch ein virtuelles Individuum machen, hat also zu früh schwarzgemalt.

Auch hier gilt das Rieplsche Gesetz von 1913, dass kein neues, höher entwickeltes Medium ein altes vollständig verdrängt. Mit Einführung des Radios starb die Zeitung nicht aus, mit dem Fernsehen nicht das Kino. Trotz der großartigen Erfindung des Internets, mit dem ich für diese Kolumne recherchieren und mit Ihnen kommunizieren kann, ist das persönliche Gespräch keineswegs tot.

Die »sociability-müde« junge Generation lernt nach Jahren der Chatterei und Simserei, direkte Kontakte wieder neu zu schätzen, ohne die Elektronik zu verachten. Es geht eben wie bei allem um das richtige Maß.

Über starke Männer und ihre
verheimlichten Schwächen

Er verheimlichte seine Krebserkrankung so lange, bis es nicht mehr anders ging und Oskar Lafontaine die Karten auf den Tisch legte.

Erst der Vorwurf »Wählertäuschung« ließ dem Links-Politiker wohl keine andere Wahl, als die Krankheit als Grund seines politischen Teilrückzuges im November 2009 öffentlich zu machen. Ein Einzelfall ist Lafontaine nicht – und um Parallelen zu finden, muss man gar nicht an das Doppelleben des Robert Enke denken, das so tragisch endete. Helmut Schmidt fällt einem ein, der Ex-Kanzler, wann immer der in den 1980er-Jahren bei wichtigen Terminen fehlte, musste eine »schwere Grippe« als Entschuldigung herhalten. Dass der herzkranke Schmidt stattdessen zweimal wiederbelebt wurde, erfuhr die Öffentlichkeit erst viel später.

Der frühere Verteidigungsminister Peter Struck hatte 2004 offiziell eine »Schwäche-Attacke«, die dann schnell und ehrlich zum Schlaganfall wurde, als ihm die Folgen anzumerken waren.

Jetzt, da Helmut Schmidt mit seinen 92 Jahren im Rollstuhl sitzt, wird er zum Idol der Jugend. Die findet es cool, dass ein alter Mann, der geistig noch so fit ist, sich nicht in seine vier Wände zurückzieht, nur weil er sich bisweilen auf vier Rädern fortbewegen muss. Sie erleben ihre eigenen Großeltern ja auch mit ihren ganz normalen Altersbeschwerden. Warum soll ein Prominenter eine Ausnahme bilden, als habe er die ewige Jugend gepachtet?

Unsere Helden in Sport und Politik müssen weder unfehlbar noch unverwundbar sein. So viel Übermenschlichkeit wirkt unmenschlich und umso größer ist die Enttäuschung, wenn ein blühendes Leben sich als bloße Fassade entpuppt. Da ist selbst der Illusionsbetrieb Fernsehen inzwischen der Realität näher als das wahre – oder in diesem Fall: verlogene Leben. Es gibt TV-Kommissare, die zu dick sind, nur einen Arm haben, unter Burn-out leiden oder zu viel trinken.

Doch unsere Elite leidet unter einer rationalen Angst vor irrationalen Reaktionen der Gesellschaft, sobald sie Schwäche und Krankheit zeigt oder thematisiert. Wer sich für eine Führungskraft hält, befindet sich offenbar häufig im Irrglauben, die Öffentlichkeit ertrüge keine Schwächen bei den Starken und Mächtigen.

Vielleicht liegt wenigstens ein klein wenig Sinn in den Schicksalen so populärer Profis wie Robert Enke und Oskar Lafontaine, dass auch wir endlich aufhören mit der Maskerade einer Scheinwelt, die Vollkommenheit nur vorgaukelt. Verlören wir dieses Trugbild, hätten alle gewonnen.

Respekt vor dem Politiker, der stark in seiner Schwäche ist

Und vor solchen Leuten soll ich Respekt haben? Das war mein erster Gedanke, als ich vor Jahrzehnten als junger Journalist auf einem Parteitag erlebte, wie ein bekannter Politiker nachts von seinen Leibwächtern sturzbetrunken aus der Hotelbar geleitet wurde. Ich war damals übrigens der einzige Reporter, der sich über Promille-Promis aufregte, die anderen Kollegen wussten von seiner Sauferei und fanden das irgendwie ganz in Ordnung. Mittlerweile kann ich aus dem Stand ein Dutzend einflussreiche Politiker, Unternehmer oder Medienleute aufzählen, die Trinker sind und deren Sucht ein »offenes Geheimnis« ist. Diese Leute tun mir leid, und ich finde es schlimm, dass ihnen niemand hilft.

Großen Respekt habe ich allerdings vor dem schwäbischen CDU-Bundestagsabgeordneten Andreas Schockenhoff, obwohl der mit zwei Promille im Blut am Steuer seines Autos erwischt worden ist. Denn Schockenhoff ging anschließend mit seiner Krankheit in die Öffentlichkeit und sagte ganz offen: »Mir ist bewusst, dass ich alkoholkrank bin.« Er entschuldigte sich bei Familie und Freunden dafür, sie damit »schwer belastet« zu haben. Öffentlich kündigte der Politiker nun an, in der parlamentarischen Sommerpause eine Therapie zu beginnen.

Natürlich wird es jetzt Tugendwächter geben, die über diesen Mann den Stab brechen und sich moralisch entrüsten. Wer nur ein bisschen Ahnung hat, weiß, wie schwer ein solches Bekenntnis ist. Und wie nötig es ist, um wirklich von dem Sucht-Teufel Alkohol loszukommen. Nun weiß jeder, wie er dran ist, wenn er Herrn Schockenhoff begegnet. Und ich würde mir wünschen, dass auf den nächsten Berliner Sommerfesten ein breites Angebot von alkoholfreien Getränken präsentiert wird, damit alle sehen: Wir haben verstanden, und wir wollen die vielen Gefährdeten davor bewahren, an jeder Ecke vom Alkohol verführt zu werden. Es ist ein Jammer zu sehen, in welchem Zustand bekannte Persönlichkeiten solche Feste frühmorgens verlassen.

Experten loben das Beispiel von Andreas Schockenhoff und hoffen, dass durch sein Geständnis endlich ein Tabu gebrochen wird. Nur so ist sinnvolle Therapie möglich. Wer den Stress und die Einsamkeit von Führungspersonen kennt, sollte sich fragen, wie er diesen Leuten und all den anderen in seiner Umgebung konkret helfen kann. Noch schlimmer ist es allerdings, zur Tagesordnung überzugehen und die Saufbrüder (und -schwestern!) zu Stimmungskanonen zu erklären, die gerne mal einen über den Durst trinken. Wer solche Menschen vor dem nächsten Absturz nicht bewahrt, macht sich schuldig wie ein Bergsteiger, der dem Kameraden die rettende Hand über dem Abgrund verweigert.

Darf der Mensch sich töten?

Es sind die prominenten Fälle, die aufrütteln und aufhorchen lassen. Alle 45 Minuten nimmt sich in Deutschland ein Mensch das Leben, alle vier Minuten gibt es einen Selbstmordversuch. Doch erst der Tod von Gunter Sachs hat das Tabuthema wieder in die Schlagzeilen gebracht. Erschüttert fragt man sich, warum er keinen anderen Ausweg sah.

Gibt es nicht genug Leute, die ihr Schicksal geduldig ertragen, genug Angehörige, die bereit sind, sie in Krankheit und Sterben zu begleiten? Darf man überhaupt »Hand an sich legen« und das auch noch Freitod nennen?

Unvergessen bleibt mir der Anruf einer Freundin vor einigen Jahren: »Meine Mutter hat mich gefragt, ob ich ihr nicht den Cocktail von Hannelore Kohl besorgen könnte.« Die alte Dame war noch mit 89 Jahren täglich schwimmen gegangen, jetzt ließen die Kräfte nach, und sie wurde zum Pflegefall. Sie hatte von Hannelore Kohl gelesen, die sich im Juli 2001 mit einem Tablettenmix das Leben genommen hatte. Fassungslos fragte ich die Freundin, was sie denn geantwortet habe. Sie hat ihre Mutter in den Arm genommen, sie gestreichelt und ihr versprochen: »Gott allein ist es, der Beginn und Ende des Lebens setzt. Er hat versprochen, uns bis ins hohe Alter zu tragen – und wir Kinder sind dazu da, ihm dabei zu helfen.«

In dieser Antwort steckt alles Wesentliche. Es ist kein

billiges Vertrösten, es ist echter Trost, wenn man weiß: Es gibt Grenzen, die man nicht überschreiten darf. Das Gebot der Bibel »Du sollst nicht töten« bezieht sich auch auf den Wert des eigenen Lebens, mag es gesund oder gebrechlich sein. Das Verbot, sich selbst zu töten, ist kein Anschlag auf unsere Freiheit, sondern ein Angebot zum Überleben, ein Stoppschild vor dem Abgrund. Doch wäre das eine eiskalte Gefrierschrankmoral, gäbe es nicht die Menschen um uns herum, die helfen, raten und trösten können. Und die sind es, denen wir Kummer und Schmerz bereiten, wenn wir uns aus ihrer Gemeinschaft davonstehlen und sie in Grübeln und Zweifeln zurücklassen.

Ist es wirklich »die letzte Freiheit«, wie jetzt kommentiert wird, ist es »mutig und nachvollziehbar«, dass Gunter Sachs den »Freitod« gewählt hat? Niemand hat das Recht, zu verdammen, und kein Angehöriger sollte an der Qual verzweifeln, zu spät eingegriffen zu haben. Doch was ist »frei« an einem Tod, der dem eigenen Leben keine Chance mehr gibt? Suizidforscher warnen vor diesem wohlklingenden Begriff, weil der Selbstmörder alles andere als frei ist, sondern bei diesem letzten Schritt in seiner Entscheidungsfähigkeit eingeschränkt und einsam.

Als Nationaltorwart Robert Enke sich im November 2009 vor einen Zug warf, war eine lange Zeit schwerster Depression vorausgegangen. Margot Käßmann hielt damals die Traueransprache, weil sie niemandem »die letzte Würde versagen« wollte, sagte aber auch: »Der Selbstmord des Fußballers ist ein sehr aggressiver Akt, gegenüber dem Lokführer, den Rettungskräften, der Familie.«

Dietrich Bonhoeffer (1906–1945), Märtyrer der Nazi-Barbarei, nannte Selbstmord Sünde und einen Missbrauch der Freiheit, die der Schöpfer seinen Geschöpfen lasse: »Der Mensch soll sein irdisches Leben, auch dort, wo es ihm zur Qual wird, ganz in Gottes Hand geben und sich nicht daraus durch Selbsthilfe befreien.« Neben diesen Grundsatz stellt Bonhoeffer jedoch die göttliche Barmherzigkeit: »Da der Selbstmord eine Tat der Einsamkeit ist, bleiben die letzten entscheidenden Motive fast immer verborgen.« Niemand hat das Recht zu richten, wenn Gott Gnade walten lässt.

Wer sich umbringt, bringt sich um den Tag, an dem ihm geholfen werden kann.

Moralische Appelle helfen nicht gegen heimliche Ängste

Operation gelungen, Patienten wohlauf! Gute Nachrichten zwölf Tage nach der Nierentransplantation des Ehepaars Steinmeier.

Kaum eine Meldung hat die Öffentlichkeit so bewegt wie die überraschende Mitteilung des SPD-Fraktionschefs im August 2010, sich für einige Wochen aus der Politik zu verabschieden, um seiner Ehefrau die überlebensnotwendige Niere zu spenden. Von großer Liebe war die Rede und von einer Menschlichkeit, wie sie im Politgewerbe mit seinem kalten Karrierestreben selten ist.

Ein Schicksal, das die Republik rührt. Und es rührt an ein Problem, über das man nicht so gern spricht: Wären auch wir zu einer Organspende bereit, um anderen Menschen das Leben zu retten? Bei Nieren geht das ja zu 80 Prozent um ein Organ, das Verstorbenen entnommen wird. Wäre Steinmeiers Ehefrau darauf angewiesen, hätte sie sich in eine Warteschlange von mehr als fünf Jahren einreihen müssen. So lange dauert es, bis man an der Reihe ist. Mehr als tausend Patienten sterben jährlich beim Warten auf ein Organ.

Wer eine Organspende nach seinem Tod verweigert, fällt über andere das Todesurteil. So hart und makaber ist das, da gibt's nichts drum herumzureden.

Dennoch halte ich es für ein Zeichen von Freiheit und Menschenwürde, dass man in Deutschland zu einer Organspende nicht gezwungen werden kann. Ich bin auch gegen die Widerspruchslösung, die jetzt diskutiert wird. Es ist richtig, dass Organe nur dann entnommen werden können, wenn der Verstorbene zu Lebzeiten ausdrücklich zugestimmt hat.

Was mich wütend macht, ist die Gleichgültigkeit und Scheinheiligkeit bei diesem Thema. Alle bewegt das Steinmeier-Schicksal, jeder Zweite ist laut Umfragen auch zu einer Organspende bereit, doch nur 12 Prozent haben einen Spenderausweis. Diese Ignoranz kostet täglich drei Patienten das Leben! Eine todbringende Nachlässigkeit, die jedoch eher für unzureichende Aufklärung als für mangelnde Nächstenliebe spricht.

Moralische Appelle helfen nicht, Aufklärung tut not. Uns müssen die heimlichen Ängste genommen werden, dass mit Organen Geschäfte gemacht werden, dem ärztlich festgestellten Hirntod nicht zu trauen ist und die Eile der Organentnahme kein würdiges Sterben ermöglicht. Man kann sich ruhig Papst Benedikt XVI. zum Vorbild nehmen, der seinen Spenderausweis längst unterschrieben hat.

Über eine Verfügung für Patienten und unsere Verantwortung für Würde im Sterben

Manchmal können einem die Politiker beinahe leidtun. Sechs Jahre lang haben sie ein Gesetz beraten, das über Leben und Tod befindet. Es gab zum Thema Patientenverfügung unzählige Expertenrunden – doch entschieden wurde diese sensible Gewissensfrage völlig ohne Fraktionszwang.

Doch kaum war das Gesetz über die Patientenverfügung verabschiedet, wurde von allen Seiten gemäkelt und gekrittelt. Dabei konnte doch nur ein Kompromiss herauskommen, dem dennoch eines gelingt: größtmögliche Rechtssicherheit im Sterben – für Patienten, Ärzte und Angehörige. Unabhängig von Art und Stadium einer Erkrankung muss der erklärte Wille des Patienten befolgt werden, wobei klar bleibt, dass es Ideallösungen im Übergang zwischen Leben und Tod nicht gibt.

Aus nächster Nähe habe ich erlebt, wie fatal sich Rechtsunsicherheit auswirkt. Eine Nachbarin lag mehr als ein Jahrzehnt im Koma. Den mutmaßlichen Willen der Sterbenden, die laut Auskunft ihrer Kinder »keine Apparate und Schläuche« wollte, konnten die Ärzte nicht befolgen, weil eine schriftliche Verfügung fehlte. In einem anderen Fall wollte ein Verwandter »friedlich einschlafen«, und der Chefarzt verzichtete auf die in der Patientenverfügung detailliert abgelehnten lebensverlängernden Maßnahmen. Vor seinem langen Wochenende riet er den Angehörigen jedoch, den Sterbenden aus der Klinik zu nehmen: »Ich kann nicht garantieren, dass meine Vertretung nicht doch die Apparate anschaltet ...«

Durch das neue Gesetz gilt nun der Letzte Wille verbindlich für die letzten Stunden, auch wenn ein Weiterleben (oder ehrlicher: Weiterleiden) durch die Hightechmedizin möglich wäre. Die konkreten Formulierungen für die Patientenverfügung verlangen mitten im Leben eine bewusste Auseinandersetzung mit dem Tod, mit Risiken und Chancen der medizinischen Heilkunst. Es ist sinnvoll, sich dabei vom Arzt oder dem Pfarrer beraten zu lassen. Adressen von Beratungsorganisationen gibt es im Internet unter www.medizinethik.de.

Mit diesem Gesetz bekommt jeder Patient, auch wenn er sich nicht mehr äußern kann, eine Stimme. Die Verantwortung für einen würdevollen Tod bleibt letztlich dennoch bei Ärzten, Pflegekräften und Angehörigen. Sterbebegleitung, Liebe, Zuwendung und Trost lassen sich nicht verordnen.

Über die Praxis der Korruption in den Praxen unserer Ärzte

Ich glaube, es war Mitte der 90er-Jahre, als eine Bank mit dem Slogan »Vertrauen ist der Anfang von allem« warb. In der Zwischenzeit haben viele Banker unser Vertrauen längst verzockt – dasselbe scheint jetzt ein Berufsstand zu tun, für den unser Vertrauen mindestens genauso Grundvoraussetzung ist.

Ein gefährliches Spiel. Oder möchten Sie Ihr Leben einem Mediziner anvertrauen, der Ihnen für eine Operation nur deshalb eine bestimmte Klinik empfiehlt, weil er dafür eine Prämie kassiert?

Ärzte verschachern kranke Patienten an notleidende Krankenhäuser, die um ihre Belegungsquote fürchten.

Eine Medizin-Mafia macht mit Kranken Kasse. Für den Direktor am Uni-Klinikum Kiel, Professor Klaus-Peter Jünemann, sind solche »Fangprämien« gängige Praxis. Es gebe Krankenhäuser, die dem überweisenden Arzt für einen Hüftgelenkspatienten bis zu 1000 Euro zahlen. Jede 20. Überweisung liefe nach diesem Schema, räumt die Deutsche Krankenhausgesellschaft ein.

Korruption ist kriminell und gehört vor Gericht. Doch dieser Skandal reicht tiefer, er rüttelt an den Grundfesten einer Vertrauensbasis, auf die wir angewiesen sind.

Woher soll ich jetzt noch wissen, ob mich mein Hausarzt in eine Klinik einweist, damit ich gesund werde – oder damit er sich gesundstößt?

Laut der Versicherung KKH-Allianz sei Bestechung inzwischen überall verbreitet, »wo Ärzte an der Schaltstelle dafür sitzen, dass Geld fließt«, also bei Sanitätshäusern, Pflegediensten oder Masseuren. Mal zahle man den Ärzten die Kosten einer Helferin, mal die Leasingrate für das Auto der Frau.

Gerade weil sich Ärzte gegen pauschale Verdächtigungen wehren, müssen alle Vorwürfe ohne Scheu vor Risiken und Nebenwirkungen untersucht werden. Die Namen der Skandalärzte und -kliniken sollten öffentlich genannt werden, wir Patienten brauchen eine Beschwerde-Anlaufstelle.

Das Vertrauen zwischen Arzt und Patient ist eine Grundlage der Genesung. Auf diesem sensiblen Gebiet dürfen nicht Raffgier über Ethos und Moneten über Moral siegen.

Über einen Arzt im Rollstuhl und ein Schicksal, das Mut macht

Wer als Unfallopfer von ihm operiert wird, kann von Glück sagen und fast sicher sein, dass auch die schwerste Gesichtsverletzung korrigierbar ist: Der Hamburger Professor Thomas Grundmann gilt als Kapazität auf seinem Gebiet. Wie schrecklich muss es für einen solchen Arzt sein, dass seine Kollegen ausgerechnet ihm, der anderen Hoffnung und Gesundheit gab, nicht haben helfen können. Dem »Hamburger Abendblatt« erzählte er seine Geschichte, ein Schicksal, das mir ans Herz ging.

Ein Jahr ist es her, da fuhr der sportliche Mediziner zusammen mit seiner Tochter nach Südfrankreich in Urlaub. Beim Tauchen verunglückt er und wacht querschnittsgelähmt in einer Klinik von Toulon auf. Der Helfer hilflos, der mächtige Mediziner ohnmächtig, der große Arzt auf das Pflegepersonal angewiesen. Vorbei mit Ski- und Snowboardfahren, mit Segeln und Surfen. Stattdessen Reha mit Rüttelbett und Massagen.

Freunde wollen ihn trösten, schieben seinen Rollstuhl in die Kathedrale von Toulon. »In dem Moment, als ich verzagt vor dem Altar saß, setzte wunderschöne Orgelmusik ein. Das war absolut ergreifend«, berichtet der Arzt. Und beschließt, sich nicht aufzugeben, schließlich kann er sich von der Brust aufwärts ja noch bewegen.

So wird dieses erschütternde Schicksal für mich zur Mutmachgeschichte, als Vorbild für alle, die sich viel zu schnell hängenlassen und resignieren. Nur zwölf Monate nach seinem Unfall operiert Professor Grundmann wieder, sitzt auf einem Spezialstuhl und rettet Menschenleben: »Früher war ich der Halbgott in Weiß, heute begegne ich den Patienten im doppelten Sinn auf Augenhöhe.«

Schicksalsschläge können einen Menschen verändern – zum Negativen, indem man verbittert und vereinsamt. Oder zum Positiven wie bei diesem Hamburger Arzt. Obwohl er brustabwärts nichts mehr spürt, ist ihm das Fingerspitzengefühl für Präzisionsoperationen erhalten geblieben. Das setzt er ein, statt sich von anderen abzusetzen und in sich zurückzuziehen.

In einer Welt so vieler Angst- und Panikmacher, die auf gesunden Beinen missmutig durchs Leben schleichen, ist dieser Mann ein echter Mut- und Muntermacher. Wer solche Hoffnung hat, dessen Leben ist lebendig, auch wenn es auf Rädern läuft.

Meine Begegnung mit Samuel:
Ja, er kann es schaffen!

Da führt man jahrzehntelang Interviews, befragt Spitzenpolitiker, hatte Bundespräsidenten und Kanzler, Parteivorsitzende und Länderchefs vor der Kamera. Doch es muss erst ein junger Mann kommen, 23 Jahre alt und an den Rollstuhl gefesselt, um sagen zu können: Ja, dieser Gesprächspartner hat mich wirklich beeindruckt, dieses Interview werde ich nie vergessen. Warum?

Weil dieser Junge keine Sprechblasen abgesondert hat, keine gestanzten Sätze aus dem Politikeralphabet, sondern durch und durch echt ist.

Samuel Koch hat in seinen sechs Rollstuhl- und Reha-Monaten, seit dem Sturz in der »Wetten, dass..?«-Show, intensivere Lebenserfahrung gesammelt als ich mit meinen 58 Jahren. Er denkt nicht vor allem an sich und sein Leid, er kümmert sich um seine Besucher genauso wie um Mitpatienten. Als ich ihn vor unserem Interview in der Klinik besuche, fragt er als Erstes: »Darf ich Ihnen was zu essen bestellen, Sie hatten doch die weite Reise.«

Dabei hätte ich ihn doch fragen müssen, ob ich ihm die Cola mit Strohhalm reichen könnte, weil vor mir jemand sitzt, der außer Kopf und Schultern nichts bewegen kann.

Aber doch, er kann viel mehr bewegen: die Herzen von Millionen, die dieses Interview sehen werden. Und mich, den Reporter, der manchen belanglosen Politsprech an sich abperlen lässt und ungerührt seine nächste Frage stellt.

Hier allerdings blieben mir gelegentlich die Fragen im Halse stecken, und ich kämpfte mit den Tränen. Und wieder war es Samuel, der die Brücke schlug: Seine Augen blitzten, sein Gesicht strahlte, und trotz leiser Stimme signalisierte er dem ratlosen Reporter: Nun mach mal, mir geht's doch gar nicht so schlecht. »Anderen Patienten geht es hier in der Klinik viel schlechter, und wir Deutschen sollten uns ohnehin das Jammern abgewöhnen!« Eine Botschaft von vielen, die Samuel setzte.

Er jammert nicht, er ermutigt mit jedem seiner Sätze, jeder seiner Gesten, jedem seiner Blicke. Ich nehme ihm das ab, denn er hat eine besondere Art von TÜV, den ultimativen Echtheitstest seines christlichen Glaubens zu bestehen. Müsste er nicht verzweifeln, verhärten und verbittern in diesem Elend? Müsste er Gott nicht verfluchen, statt ihn zu suchen?

Doch er holt sich Trost und Kraft aus der Quelle des Lebens, die für ihn Jesus Christus heißt. Das ist seine Botschaft an uns Kleingläubige mit den angeblich so großen Sorgen.

Und dann war auch er wieder ganz der neugierige Junge. Als Schauspielstudent, Stuntman und Regieassistent unterhielt er sich mit meinem Regisseur Rolf, duzte schnell die Maskenbildnerin Yvonne und wollte unbedingt zum Ü-Wagen rollen, um die Aufzeichnung unseres Gesprächs zu sehen, bevor es in alle Welt überspielt wird.

Wer seine Neugier, seinen Wissensdrang und seinen Humor behält, ist schon fast geheilt, sagt die Medizin.

Und Samuel glaubt dazu noch an Wunder. Er hat seine Eltern und Geschwister und so viele Freunde, dass deren Fotos nicht an die Zimmerwand der Klinik passen. Alle denken an ihn, beten für ihn, helfen ihm. Er will wieder raus aus der Reha, auf zwei Beinen und nicht auf vier Rädern. Wenn's einer schafft, dann er, denke ich auf meinem Rückflug nach Berlin.

Ich danke Samuel Koch, dass ich ihm begegnen durfte. Ein Interview der besonderen Art mit einem ganz besonderen Menschen. Ein Gespräch, das bei mir den Eindruck hinterlässt: Es gibt so etwas wie echtes Glück, tiefe Zufriedenheit und motivierende Hoffnung. Das rückt die eigenen Prioritäten zurecht und bewirkt vor allem eins: Dankbarkeit.

Sollen sich die Gefängnistore für 160 Schwerverbrecher früher öffnen?

Kommen bei uns bald massenhaft notorische Schwerverbrecher auf freien Fuß, weil der Europäische Gerichtshof für Menschenrechte das so will?

Während wir über Milliardenkredite für Griechenland und Rettungsschirme für die Weltwirtschaft diskutieren, fällte das Straßburger Gericht ein folgenschweres Urteil: Das deutsche Gesetz zur Sicherungsverwahrung, wonach potentielle Wiederholungstäter über ihre eigentliche Strafe hinaus in Haft bleiben dürfen, verstößt zum Teil gegen die Menschenrechte. Bis zu 160 Schwerkriminelle, die nach Auffassung deutscher Gerichte und Gutachter stark rückfallgefährdet sind und derzeit in verlängerter Sicherungsverwahrung sitzen müssen, werden wohl freigelassen.

Für einen 61-jährigen Sexualmörder öffneten sich vergangene Woche die Gefängnistore; Polizei und Justiz sind wegen des Europa-Urteils rat- und machtlos.

Der Ton, der auch für Deutschland die Musik macht, wird mittlerweile in Brüssel oder Straßburg vorgegeben. Dieses Europa ist jedoch Folge demokratischer Entscheidungen, und Demokratie ist nicht nur so lange gut, wie sie einem passt. Deshalb ist selbst dieses gefühlte Wahnsinnsurteil keinesfalls ein Willkürurteil.

So berechtigt der verständliche Ruf nach Wegsperren von Kinderschändern und Triebtätern sein mag, so sicher gilt auch das Wissen, dass es Sicherheit ohne Risiko nicht gibt. Wie viele Verbrecher sind schon zu

Wiederholungstätern geworden, weil Gutachter oder Gerichte sich geirrt haben. Ein demokratischer Staat muss damit leben, dass auch vermeintlich gefährliche Menschen freikommen können. Beim Thema Sicherungsverwahrung geht es um das heikelste Instrument des Rechtsstaates, Richter müssen zwischen der Freiheit des Einzelnen und der Sicherheit der Gesellschaft abwägen. Darf man Tätern über die verbüßte Haftzeit hinaus die Freiheit nehmen, weil die Wahrscheinlichkeit eines Rückfalls besteht?

In letzter Konsequenz, so kommentiert die »Zeit«, wirft die Sicherungsverwahrung die Grundsatzfrage auf, ob es so etwas wie »das Böse« gibt: »Ob also Menschen unter uns leben, die unerreichbar sind für Strafen und Therapien, die sich bewusst so lange für das Verbrechen entscheiden, bis die Kraft nachlässt, bis das Alter die Gewalt mildert.«

Für solche Menschen ist Sicherungsverwahrung Vorbeugung und keine Strafe, Prävention, keine Sanktion. Sie werden vor sich selbst geschützt und die Gesellschaft vor ihnen. Dass dies Sinn hat, haben die Richter von Straßburg nicht begriffen.

Bei Triebtätern muss Sicherheit vor Freiheit gelten

Nunmehr ist er also eingetreten, jener Fall, den es laut Politik und Justiz nicht geben sollte: Ein entlassener und überwachter Sexualstraftäter wird verdächtigt, einen neunjährigen Jungen missbraucht zu haben. 2008 war Peter D. aus Neustrelitz, verurteilt wegen schweren sexuellen Missbrauchs, aus der Haft entlassen worden und stand unter »Führungsaufsicht«, wie es im Bürokratendeutsch heißt. Sollte er wieder rückfällig geworden sein, lautet die Konsequenz: Wir brauchen dringend die Sicherungsverwahrung. Wegschließen für immer. Eine Alternative scheint es für Triebtäter nicht zu geben.

Beim Thema Sicherungsverwahrung geht es um das heikelste Instrument des Rechtsstaates, Richter müssen zwischen der Freiheit des Einzelnen und der Sicherheit der Gesellschaft abwägen. Zum Schluss gilt der Grundsatz: Sicherheit vor Freiheit. Denn die umstrittene Sicherungsverwahrung schützt nicht nur die Gesellschaft vor den Tätern, sondern auch die Täter vor sich selbst.

In diesen Fällen wirken Maßnahmen wie Fußfesseln bis Führungsaufsicht wie Beruhigungspillen. Es ist doch absurd, dass freigelassene Sicherungsverwahrte von Polizeibeamten rund um die Uhr bewacht werden, was pro Fall und Tag 12 000 Euro kostet. Diese Riesensumme sollte man lieber in das einzige Heilmittel investieren, das tatsächlich Chancen auf Besserung bietet: Therapie.

Triebtäter gehören nicht ins Gefängnis wie Taschendiebe und Heiratsschwindler, sie gehören in geschlossene Therapien. Als ich mich in den Talkshows »riverboat« (MDR) und »Lanz« (ZDF) genau dafür eingesetzt habe, schrieb mir die Mutter eines Doppelmörders einen bewegenden Brief: »Sie sprachen mir aus der Seele, indem Sie forderten Therapie, Therapie, Therapie...« Zwei Jahre lang habe man ihren Sohn hängenlassen, bis endlich ein Therapeut zur Verfügung stand.

Wenn wir wissen, dass bestimmte Täter rückfällig werden, weil sie krank sind, dann dürfen sie genausowenig in normale Gefängnisse wie in Freiheit kommen. Sie gehören betreut und therapiert. Dafür Steuergeld auszugeben ist allemal besser als jene 12 000 Euro, die man täglich für ihre Bewachung bezahlt. Die Politik sollte endlich das Problem in der Praxis lösen, statt es in Talkshows nur zu benennen.

Weder Schutz noch Datenschutz
für Kinderschänder!

Um Tabus zu brechen oder verdrängte Themen in die Schlagzeilen zu bringen, braucht man meist einen prominenten Paten. Diese Rolle hat Stephanie zu Guttenberg, die Frau unseres Ex-Verteidigungsministers, mittlerweile bei einem der schlimmsten Verbrechen offensiv übernommen: Sie engagiert sich gegen die oft verschwiegene und gelegentlich verharmloste Kinderpornographie im Internet. Dass man bisher zu wenig darüber geredet hat, mag wohl auch daran liegen, dass die Täter aus allen Bevölkerungsschichten kommen, man sie also nicht in irgendeine Ecke stellen und abstempeln kann.

Wer sich da im Internet an unsere Kinder ranmacht, ist nicht der klassische Typ Kinderschänder, kein böser Onkel mit Süßigkeiten, der am Rande des Spielplatzes wartet. Es sind Familienväter, Beamte, Geschäftsleute und Akademiker dabei, die das Medium Internet für ihre perfide Anmache nutzen. In den Chatrooms bleiben sie anonym, doch aus einem Klick ins World Wide Web kann schnell ein reales Treffen werden. Viele Eltern machen sich keine Vorstellungen, welchen Gefahren ihre Kinder ausgesetzt sind.

Eltern wissen oft gar nicht, was ihre Kinder sehen und suchen, wenn sie harmlos vor dem heimischen Computer sitzen. Und wenn sie's da nicht dürfen, gibt es genug andere Wege. Eine Bekannte erzählte mir, wie sie zur Mittagszeit in einem Internetcafé war, das nach

Schulschluss von Kinderhorden gestürmt wurde, die sich stundenweise die Rechner mieten, um völlig unkontrolliert zu surfen und zu chatten. Die meisten Kinder, so der Augenschein, waren gerade mal Viertklässler ...

Natürlich gibt es keine Patentrezepte im Kampf gegen Internetpornographie, weil die Freiheit des Netzes ziemlich grenzenlos ist. Doch es wäre schon mal eine Möglichkeit, wenn man die Besitzer der Internetcafés gesetzlich verpflichten würde, keine Kinder an die Computer zu lassen oder bestimmte Seiten zu sperren. Kein Kiosk darf Alkohol und Zigaretten an Jugendliche verkaufen, unter 18 darf man bei uns keinen Cent in den Spielautomaten werfen, doch fürs WWW gilt nicht einmal diese Art von (Selbst-)Beschränkung.

Ich meine: Wer sich an Kindern vergreift und ihre Seelen zerstört, hat keine Toleranz verdient. Und keinen Datenschutz.

Ist Haft wie Urlaub und Kino
im Knast wirklich ein Skandal?

Kinoabende für Kinderschänder, Schäferstündchen für Schwerverbrecher – sind deutsche Gefängnisse zum Kuschelknast verkommen, zu einer Art Wellnessurlaub auf Staatskosten?

Nachdem ein inhaftierter Mörder in einer »Liebeszelle« der JVA Remscheid seine Lebensgefährtin getötet hat, diskutiert Deutschland über den ach so laxen Strafvollzug.

Aber kaum jemand fragt, warum und unter welchen Bedingungen der Häftling mit seiner Freundin im Langzeitbesuchsraum bleiben durfte, wie dieses Zimmer im Behördendeutsch heißt. Oder weshalb es solche Räume überhaupt gibt und welche Erfahrungen man bisher damit gemacht hat.

Das (Vor-)Urteil ist längst gefällt: Statt der Härte des Gesetzes erleben Häftlinge hinter Gefängnismauern eine Art Club-Urlaub, während wir Steuerbürger dafür zahlen können. Man nimmt den Strafvollzug ja ohnehin nur wahr, sobald über Ausbrüche oder Skandale berichtet wird. Dann erregt man sich über das Versagen der Behörden, die Verantwortungslosigkeit unfähiger Minister oder die Ausschweifungen in einem lockeren Knacki-Leben.

Nicht selten wird dann auch von »Zuchthaus« gezischt, wo so etwas in der guten alten Zeit nicht möglich gewesen wäre.

Natürlich heißt Strafvollzug Strafe vollziehen. Wer

Verbrechen begangen und Schuld auf sich geladen hat, hat dafür zu büßen. Strafe soll abschrecken, soll Sühne und Vergeltung sein. Aber keine Rache, das hat unser Rechtsstaat nicht nötig. Die Zeiten von Kerker und Ketten, von Wasser und Brot sind glücklicherweise vorbei. Ziel ist, nach verbüßter Haft im normalen Leben wieder Fuß zu fassen. Alles, was dazu hilft, macht Sinn.

Deshalb hat man in Nordrhein-Westfalen eine Idee aus dem spanischen Strafvollzug übernommen, nach der Gefangene, die für geeignet gehalten werden, mit ihren Familien, Kindern oder allein mit ihrer Frau einige Stunden in »wohnlicher Umgebung« zusammen sein können. Rund 9000 solcher Besuche gab es im letzten Jahr, ohne jeden Zwischenfall. Davon redet kein Mensch. Auch nicht davon, dass selbst schönste Schwimmbäder, Fitnessräume und Grillabende hinter Gittern eines nicht ersetzen können: die Freiheit.

Über 150 Jahre Haft in den USA und lebenslängliche Strafen von unseren Richtern

Typisch Amerika! Das Land der unbegrenzten Möglichkeiten kann anscheinend nicht anders, als in Superlativen zu denken und zu handeln. Aktuelles Beispiel: 150 Jahre Haft für den Milliarden-Betrüger Bernard Madoff, einfach absurd und lächerlich. Der Mann ist über 70 Jahre alt, und selbst ein Kleinkind hätte diese lange Strafe kaum absitzen können. Die Tricksereien des größten Betrügers der Welt-Finanzgeschichte stellen jeden Krimi-Plot in den Schatten, und nunmehr ist es das Urteil, das wie aus einem billigen Krimi klingt.

Dennoch geht von diesem symbolischen Strafmaß ein klares Signal aus: Dieser Mann kommt nie wieder raus, er bleibt wirklich bis an sein Lebensende im Knast. Ganz anders wirkt es bei uns in Deutschland, wenn jemand zu lebenslänglich verurteilt wird. Die erste Reaktion ist selten: Geschieht ihm recht! Sie lautet meist: Mit den richtigen Gutachtern, teuren Anwälten oder bei guter Führung ist der nach ein paar Jahren doch wieder draußen …

Selbst bei Kinderschändern und Sexualmördern ist mein erster Gedanke, wenn ich das Strafmaß höre, dass die Täter irgendwann wieder auf freiem Fuß sind. Und die schrecklichen Verbrechen von Wiederholungstätern bestätigen einen, denkt man an die Fehleinschätzungen von Psychologen.

Es klang markig, als Ex-Kanzler Gerhard Schröder für Kinderschänder »Wegschließen – und zwar für immer!« forderte. Es gab eine hitzige Debatte unter Populisten, doch heraus kam nichts. Bei uns sitzt man mindestens 15 Jahre, durchschnittlich sind es 17, aber eben nicht lebenslänglich, wie es uns das Wort vorgaukelt.

Dann schon lieber 150 Jahre als Rekordstrafe für einen Rekordbetrüger, selbst wenn es auf den ersten Blick absurd erscheint. Auch wenn es vor Gericht um Recht und nicht um Rache gehen muss, fehlt bei uns dem Strafmaß manchmal der letzte abschreckende Ernst.

Und den Opfern, deren erster Gedanke oft der möglichen Freilassung des Täters gilt, fehlt die Genugtuung, wie sie die Madoff-Geschädigten erlebten. Die applaudierten im New Yorker Gerichtssaal, als das Urteil gesprochen wurde: »Er kann uns nie wieder Schaden zufügen.«

Über 1,30 Euro und (k)ein Urteil
im Namen des Volkes

»Wir sind alle kleine Sünderlein«, nach diesem Willy-Millowitsch-Hit von 1971 schunkelten viele in der Fastnachtszeit. Doch nach Aschermittwoch sollten wir zur Nüchternheit zurückkehren – auch was die Bewertung von Urteilen angeht.

Der Rechtsstaat macht sich nämlich lächerlich, würde er Diebstahl, und sei er noch so gering, zur Bagatelle degradieren und die Täter zu harmlosen Sünderlein machen, bei denen man ein Auge zudrücken kann.

Deshalb hat das Berliner Landesarbeitsgericht richtig entschieden, dass die Entlassung einer Kassiererin, die Bons für 1,30 Euro unterschlagen habe, rechtens war. Dieses Urteil mag nicht dem Rechtsempfinden des Volkes entsprechen, in dessen Namen es gefällt wurde. 67 Prozent der Deutschen sind, wie eine Ad-hoc-Umfrage der BamS ergab, nicht damit einverstanden, dass aus Sünderlein Straftäter gemacht werden.

Als ich unlängst in Berlin Unter den Linden von der Polizei geblitzt wurde, ließ ich mich zu dem Satz hinreißen, man solle doch lieber die KaDeWe-Einbrecher festsetzen, statt mich abzukassieren. Das war genauso dumm wie das Argument, das jetzt zugunsten der Kassiererin ins populistische Spiel gebracht wird: Die Kleinen hängt man, die Großen lässt man laufen.

Dass Pfusch-Ärzte Abfindungen und Pleite-Manager einen Bonus bekommen, finde ich pervers. Doch ebenso schlimm ist es, wenn Ladendiebstahl oder Schwarzarbeit zu Kavaliersdelikten verniedlicht werden, als seien es Bagatellen, die niemandem schaden. Das gilt auch für privates Internetsurfen wie dauerndes Zuspätkommen am Arbeitsplatz. Ich möchte mich beim Einkaufen darauf verlassen können, dass das Wechselgeld stimmt, und der Chef darf erwarten, dass sein Personal nicht in die Kasse greift. Nicht nur der Banker, auch der Job im Supermarkt ist Vertrauenssache.

Das Berliner Urteil ist weder Klassenjustiz noch barbarisch und asozial, wie jetzt Bundestagsvizepräsident Wolfgang Thierse trommelt. Starker Tobak von einem, der das brutale DDR-Unrechtssystem erlitten hat.

Gnade vor Recht hätte der Arbeitgeber ergehen lassen können. Jede Regel verträgt eine Ausnahme. Auch Vergeben gehört zum kollegialen Miteinander.

Doch von Richtern erwarte ich, dass sie nach den Buchstaben des Gesetzes urteilen, selbst wenn es meinem eigenen Rechtsempfinden widerspricht. Allerdings muss das Volk, in dessen Namen geurteilt wird, die Entscheidung verstehen können. Daran lassen es Richter genauso mangeln wie Politiker. Das ist das Problem – nicht das Urteil.

Über geklaute Maultaschen, falsche Empörung und richtige Urteile

Wenn so etwas passiert, ist das Erregungsritual programmiert und das Entrüstungsarsenal munitioniert: gnadenlos, kaltherzig, unmenschlich, unmoralisch! Nicht nur die Gewerkschaften sind auf den Barrikaden, wenn eine Altenpflegerin wegen ein paar gestohlener Maultaschen vor Gericht keine Gnade findet und fristlos gefeuert wird. Ein Rauswurf wegen solcher Lappalien rührt Herz und Mitgefühl und lässt die Emotionen hochkochen.

Die Teigtaschen-Burleske ist die vorerst letzte Folge einer Serie von vermeintlichen Bagatelldelikten. Einer Chefsekretärin wurde unlängst wegen einer Frikadelle gekündigt, einer Supermarkt-Kassiererin wegen zweier Leergutbons. »Schandurteile« nennt das die Gewerkschaft ver.di: »Die Justiz hat den Bezug zur Lebenswirklichkeit in den Betrieben verloren.«

Ohne Absicht hat die Gewerkschaft damit den Nagel auf den Kopf getroffen, denn umgekehrt wird ein Schuh draus. Klau von Kleinigkeiten – das ist die Lebenswirklichkeit, und wir haben uns daran gewöhnt, als gäbe es weder Recht noch Gesetz, weder Eigentum noch Verantwortung. Hier der Kuli oder das Kantinenbesteck, dort der Schraubenzieher oder der Schnellhefter – man denkt, dass es sowieso nicht auffällt und es alle anderen doch auch tun.

Eigentümlich, dass unser Unrechtsbewusstsein erst aktiviert wird, wenn es gegen Chefs oder Richter geht, das eigene Handeln davon aber unberührt bleibt. Da werden Gerichte beschäftigt und Personalräte bearbeitet, statt die eigene Einstellung zu problematisieren.

Unehrlichkeit fördert Vertrauensverlust, und Vertrauen ist das Grundkapital jeder Firma, jedes Betriebes und jedes Kollegenkreises. Da spielt es keine Rolle, ob Werte von einem Euro oder tausend geklaut werden. Und da hilft es wenig, auf die Manager mit ihren Abfindungen und die Banker mit ihren Boni zu verweisen. Gerade weil wir das verachten, sollten wir die Regeln für uns beachten.

Dass Mitarbeiter ihre Betriebe für einen Selbstbedienungsladen halten, fügt der Wirtschaft Milliardenschäden zu, die wir indirekt über die Preise alle mitbezahlen müssen. Eine Studie veranschlagt den internen Warenschwund durch Diebstahl auf 1,3 Milliarden Euro pro Jahr.

Noch schlimmer finde ich jedoch, dass wir erst aufschreien, wenn Ertappte die einzig logischen Konsequenzen tragen müssen.

Über den Diebstahl als Regelfall und den Anstand als Ausnahme

Gäbe es nicht nur ein Unwort, sondern auch eine »Un-Diskussion« des Jahres, stünde für mich die bizarre Diskussion über Bagatelldelikte ganz oben auf der Liste.

Meine Kolumnen dazu brachten im vergangenen Jahr den E-Mail-Postkasten zum Überlaufen, und zum Jahreswechsel 2011 erntet Deutschlands oberste Arbeitsrichterin nach einem »SZ«-Interview Hohn und Spott. Dabei hat Ingrid Schmidt, erste Frau in diesem hohen Amt, bloß behauptet, für sie gäbe es keine Bagatellen. Sie habe Verständnis dafür, sagte sie der Zeitung, dass auch der Diebstahl geringwertiger Dinge ein Kündigungsgrund sei.

Doch die Richterin versteckt sich nicht hinter Paragraphen und Gesetzen, sie fragt nahezu fassungslos den Interviewer: »Wie kommt man eigentlich dazu, ungefragt Maultaschen mitzunehmen? Oder eine Klorolle? Oder stapelweise Papier aus dem Büro?« Und dann folgt, was viele offenbar tief verstört: Richterin Schmidt benutzt ein altmodisches Wort, das in unserer Gesellschaft längst keine Konjunktur mehr hat, aber alles ausdrückt, was wichtig ist: Denen, die klauen, fehle es an Anstand.

In meinen Kolumnen hatte ich noch die Lebensweisheit meiner Großmutter ins Feld geführt: »Das gehört sich nicht!«

Ich brauche keinen Paragraphen, um zu erkennen,

dass auch der kleinste Klau unanständig ist und sich nicht gehört. Natürlich rührt ein Rauswurf wegen gestohlener Pfandbons oder Frikadellen an Herz und Mitgefühl. Natürlich hat man schnell den Spruch parat: »Die Kleinen hängt man, die Großen lässt man laufen.« Doch es ist einfach blöd, in dieser Diskussion reflexartig auf die Boni der Banker zu verweisen. Gerade weil wir das verachten, sollten wir die Regeln für uns beachten.

Der Klau von Kleinigkeiten ist kein Kavaliersdelikt! Um das endlich zu kapieren, reichen das Wort mit sieben Buchstaben und die Erkenntnis, dass man anderen nichts wegnimmt. Auch der eigenen Firma nicht. Oder geht ein Kugelschreiber in Ordnung, und der ernstzunehmende Diebstahl beginnt erst beim PC? Verkehrte Welt, die über die Abstufung von Unrecht diskutiert.

Eine Richterin, die so klar denkt und redet wie Frau Schmidt, schafft beste Voraussetzungen dafür, dass das Volk die Urteile versteht, die in seinem Namen gefällt werden.

Ist Fremdgehen
ein Kündigungsgrund?

Es gibt ja so manches unverständliche Urteil, das uns der Europäische Gerichtshof für Menschenrechte beschert hat. Man denke nur an die überstürzte Freilassung von Triebtätern aus der Sicherheitsverwahrung. Doch jetzt haben die Straßburger Richter einem Bundesbürger im wahrsten Wortsinn im Namen des Volkes zum Recht verholfen.

Der katholischen Kirche wurde untersagt, einen Chorleiter aus Essen nach 14 Dienstjahren zu entlassen, nur weil der von seiner Ehefrau getrennt lebende Mann mit seiner neuen Lebensgefährtin ein Kind hat. Sein Arbeitgeber warf ihm Ehebruch und Bigamie vor, was gegen die Grundordnung der Kirche verstoße.

Ach, was verstößt nicht alles gegen die Grundordnung der Kirche. Ist diese vermutete Bigamie schlimmer als jene verbriefte Bigotterie, nach der heimlich von Priestern gezeugte Kinder ebenso heimlich von der Kirche alimentiert werden? Ganz zu schweigen von all den ethischen Irrungen und Wirrungen, gegen die der Vatikan gerade zu kämpfen hat. Je höher das Ross, desto tiefer der Fall.

Doch ich will nicht zynisch werden. Mich regt an diesem Fall etwas ganz anderes auf, und das stimmt mich eher traurig als wütend. Um es im Klartext zu sagen: Hätte der gute Kantor wie Tausende andere Männer seine schwangere Freundin zur Abtreibung genötigt, wären ihm Kündigung und Schmähung erspart geblieben. Sollte nicht gerade die Kirche froh sein, dass sich dieses Paar für das Kind und damit gegen den bequemen Weg (»Mach das Kind weg, und die Probleme sind weg!«) entschieden hat? Selbstverständlich gelten in der Kirche andere arbeitsrechtliche Moralregeln als in einer Kfz-Werkstatt, doch sie müssen dann für alle gelten – und für das Leben.

Der Papst und die katholischen Bischöfe treten nachdrücklich für das Lebensrecht von Ungeborenen ein, das ohne ihre unbeirrten Mahnungen längst ausgehöhlt wäre. Dafür bin ich dankbar, denn es gibt ewige Wahrheiten, die dem Zeitgeist nicht geopfert werden dürfen. Gerade deshalb ist die Kündigung eines Mannes, der nach seiner Trennung mit einer neuen Frau und einem Baby neu anfangen will, der eigentliche Skandal, nicht das Urteil. Zu häufig drückt man die Augen zu und breitet den Mantel des Schweigens aus. Deshalb ist es gut, dass der Europäische Gerichtshof für Menschenrechte das in diesem Fall nicht getan hat und die Sache dadurch öffentlich wurde.

Schämen ist besser
als vergessen

Das darf doch wohl nicht wahr sein, war mein erster Gedanke, als ich von der Hitler-Ausstellung in Berlin hörte. Ausgerechnet im ehrwürdigen Deutschen Historischen Museum, ausgerechnet mitten in der Stadt, in der das Unheil seinen Lauf nahm.

Darf man so etwas machen? Lockt man unter wissenschaftlichem Vorwand nicht die unverbesserlich-verblendeten Neonazis an und macht ein Museum zur Pilgerstätte von Hitler-Fans? In der Tat sind auch die ersten Grüppchen in Thor-Steinar-Hemden schon dagewesen, erzählte mir ein Wachmann.

Doch was diese Leute suchen, werden sie nicht finden. Natürlich steht der Besucher gleich zu Beginn seines Rundgangs vor einem riesigen Führer-Porträt, doch ehe er sich damit vielleicht fotografieren lassen kann, verschwimmt es und macht den Hintergrund glasklar: Bilder von Deportation, Erschießungen, KZ. Genau das ist die Konzeption der Ausstellung: Das »Heldentum« wird sofort gebrochen in die Wirklichkeit der Barbarei. Keine Chance für einen eventuellen »Mythos Hitler«, stattdessen: Realität.

Und zu dieser Realität, und das ist mir hier erstmals so intensiv bewusst geworden, gehört die Tatsache, dass die Mehrheit des deutschen Volkes von Anfang an begeistert dabei war. Da gibt es keine Trennung von Führer und Verführten, die Deutschen leisteten vorläufigen Gehorsam. Sich anbiedernde Kinderbriefe schon vor der Machtergreifung, die ja in Wahrheit eine demokratische Wahl war und einen Diktator ans Ruder brachte, der die Welt ins Chaos steuerte.

Je weiter ich durch die Ausstellung ging, desto seltener habe ich mich gefragt: Wie kann ein Museum so etwas machen? Nein, meine große Frage war: Wie konnte das Volk ab 1933 so etwas machen? Die Hitler-Fans gab es von Anbeginn quer durch alle Schichten, Intellektuelle und Industrielle, die breite Masse und die obere Klasse. Hitler-Zigarren und Führer-Quartett, Hakenkreuz-Lampions und Manschettenknöpfe, Spielzeugfabrikanten, die selbst in Puppenküchen ein Diktatoren-Porträt platzierten.

Hitlers ideologische Perversionen in »Mein Kampf« waren ein Bestseller und kein Ladenhüter. Und wer will noch sagen, er hätte von allem nichts gewusst, wenn schon 1934 die ersten Schilder »Juden unerwünscht« aufgehängt waren und an jeder Berliner S-Bahn die neuen Straßennamen der Nazi-Größen standen? Wie konnte Hitler trotz Völkermord und Vernichtung so viel Akzeptanz finden?

Ich lerne voller Erschrecken: Der Alltag meiner Vorfahren war durchdrungen vom Führerkult und einer im doppelten Wortsinn unheimlichen Begeisterung für diesen Mann, der doch in Wahrheit eine gescheiterte Existenz, ein unbegabter Pinselquäler aus Braunau war. Der Ausstellungsbesucher betrachtet den Boom der Wirtschaft und den Fortschritt der Technik, doch bevor man sich an den modernsten Eisenbahnen der damaligen Welt sattsieht, geht der Blick zur Landkarte: Alle Wege führen nach Auschwitz!

Die Bilder von der Massenbegeisterung erhalten ihr

Gegenbild: Mit den wenigen Widerstehenden unter Christen oder Kommunisten ist man schließlich umgegangen wie mit den Juden, und man sieht die Schreckensbilder von Vernichtungslagern und Häftlingskleidung. Wer nicht mitmachte, fiel auf, weil die Restgesellschaft zunehmend auch äußerlich uniformiert war.

Und wer sich zum Schluss dennoch weiden will am strahlenden Führer-Plakat »Hitler ist der Sieg!«, kann nicht anders, als gezwungen zu sein, mindestens im Augenwinkel die Bilder der Deportationen und Hinrichtungen zu sehen.

Das ist die Stärke dieser Ausstellung, die ein schwaches Volk zeigt, das eben nicht nur willenlos mitgelaufen ist und unwissend verführt wurde. Diese Ausstellung entzaubert den Führer-Mythos, indem sie die damalige Generation entzaubert. Hitler war kein Betriebsunfall der Geschichte, stelle ich fest. Den Führerstaat gab es nicht ohne Zustimmung, sondern durch Selbst-Gleichschaltung eines ganzen Volkes.

Ich schäme mich, wenn ich das sehe, und frage mich: Wie hätte ich damals gehandelt? Auf welcher Seite hätte ich gestanden? Seit dem Besuch der Berliner Ausstellung weiß ich: Hitler ist nicht wie ein Dämon aus der Hölle gekommen, er ist von Menschen wie du und ich erst zum (Ver-)Führer gemacht worden.

Mein Fazit: Erinnern ist besser als verdrängen, schämen besser als vergessen. Denn wer aus der Geschichte nichts lernt, kann dazu verdammt werden, sie zu wiederholen.

Über Danken und
Gedenken

Und was sagt man jetzt? Beim Einkauf für das Feiertagswochenende hörte ich diese klassische Frage an der Fleischtheke, wo eine Mutter ihren Jungen aufforderte, sich für die Wurstscheibe zu bedanken, die die Verkäuferin ihm über den Tresen gereicht hatte. Vielleicht hatte sich der kleine Mann auch nur uns Große zum Vorbild genommen. Auch wir Erwachsenen haben das Danken verlernt, kaum ein Wort geht uns so schwer über die Lippen. Danken ist out, hat keine Konjunktur, weil wir uns daran gewöhnt haben, alles selbstverständlich zu nehmen.

Dabei gibt es an diesem Wochenende einen doppelten Danktag: Heute ist Erntedanktag, gestern dachten wir an den Tag der Deutschen Einheit, an das Wunder der Wiedervereinigung unseres Volkes und der friedlichen Revolution in der Ex-DDR. Und wenn wir dessen gedenken, kann man das nicht ohne zu danken. Wer nicht dankt, ist gedankenlos.

Es ist eben nicht selbstverständlich, dass wir heute von Berlin ohne Mauer und Schikane nach Görlitz oder von Rügen nach Hamburg reisen können. Genauso wenig kommt die Milch aus der Tüte oder das Brot einfach vom Bäcker. Tiefkühlkost und das vielfältige Angebot beim Gemüsehändler lassen vergessen, wie viel Arbeit in der Landwirtschaft geleistet wird und wem wir es letztlich verdanken, dass in unseren Landen alles frisch auf den Tisch kommt. Erst der Existenzkampf der Milchbauern um faire Preise hat uns wieder daran erinnert.

Seit dem späten 18. Jahrhundert gibt es diesen besonderen Sonntag im Oktober. Ergreifend lesen sich die Berichte der Chronisten vom Erntedanktag 1847: Nach der großen Hungersnot in Europa konnte endlich wieder eine reiche Ernte eingefahren werden. In Preußen wurde extra eine Gedenkmünze geprägt: »Zur dankbaren Erinnerung der Güte Gottes«.

Als Kind erlebte ich in meiner westfälischen Heimat, wie die aus Blumen und Ähren geflochtene Erntekrone hochgezogen wurde und die Bauern das »Vaterunser« beteten. Die Leute dachten dabei besonders an die Bitte zu Gott: »Unser tägliches Brot gib uns heute.« Auch das ist alles andere als selbstverständlich, jede Minute sterben weltweit elf Kinder an Hunger. Deshalb sind Danken und Teilen zwei Seiten derselben Münze.

Nur der kann frohen Herzens genießen, der dankt. Wer glaubt, sich alles selbst zu verdanken, denkt auch nur an sich selbst. Dietrich Bonhoeffer schrieb, kurz bevor er im April 1945 von den Nazis hingerichtet wurde: »Dankbarkeit sucht über der Gabe den Geber. So wird sie selbst zur Quelle der Liebe zu Gott und den Menschen. Wer dankend betet, vergisst zu klagen.«

Brauchen wir wirklich einen Sonntag, um an unsere Toten zu denken?

»Wozu brauchen wir denn so was auch noch?«, fragte abschätzig meine junge Kollegin, als sie auf dem Kalender das Wort »Totensonntag« bemerkte. Das sei doch wohl wieder reine Geschäftemacherei von Gärtnern und Blumenhändlern, ganz wie der Muttertag oder der Valentinstag.

Natürlich reiht sich der Totensonntag scheinbar nahtlos in eine Unzahl absurder »Tage« ein, die sich wie eine Chronik des Flachsinns lesen: Es gibt den Tag des Fahrrades, der Butterstulle und des Schweineschnitzels. Wir begehen den Weltfrauentag, den Weltspartag, den Weltvegetariertag und den Weltnichtrauchertag. Kein Wunder, dass es extra noch den Weltlachtag gibt.

Die Inflation solch gedankenloser Gedenktage lässt vergessen, dass der Totensonntag eine Tradition besitzt, die gerade unserer Gesellschaft guttut, in der Tod und Vergänglichkeit, Krankheit und Sterben verdrängt und vergessen werden. Preußenkönig Friedrich Wilhelm III. hat diesen ganz besonderen Sonntag 1816 als »Feiertag zum Gedächtnis der Entschlafenen« eingeführt. In den evangelischen Kirchen werden bis heute die Namen derer verlesen, die in diesem Jahr verstorben sind, Angehörige schmücken und besuchen deren Gräber.

Passt das noch in eine Zeit, für die sogar die Namen von Verstorbenen Schall und Rauch sind? Immer mehr

Bestattungen sind anonym, oft ohne irgendwo einen Namen zu hinterlassen. Als habe man nie existiert, gibt es weder Grabkreuz noch Gedenkstein und keinen Platz zum Innehalten. Trauer und Abschied haben keinen Ort und keine Kultur mehr.

Wir machen uns arm, wenn wir den reichen Schatz guter Traditionen über Bord werfen. In Zeiten von Globalisierung und Mobilität bieten die Gräber der Vorfahren ein Zeichen von Heimat und Geborgenheit. Das Andenken an die Verstorbenen mahnt zum Darandenken, dass der Tod zum Leben gehört. Wer weiß, dass es eine letzte Stunde gibt, braucht den nächsten Augenblick nicht zu fürchten. Je offener wir uns mit unserer Endlichkeit und Verwundbarkeit auseinandersetzen, desto bewusster unser Umgang mit der Lebenszeit.

Und da für Christen mit dem Tod nicht alles vorüber ist, steht auf vielen Kalendern heute richtigerweise das Wort »Ewigkeitssonntag«, wie dieser offiziell heißt. Ein guter Name, wie ich finde.

Über Geld als Geschenk und den Bankrott des Weihnachtsgefühls

Weihnachten naht in wenigen Wochen, und viele machen sich bereits Gedanken, was sie ihren Lieben schenken wollen. So sollte es jedenfalls sein, so habe ich es mir vorgestellt, so halte ich es auch selbst.

Lieblos und ideenlos ist allerdings das, was sich laut Umfrage die meisten der Deutschen beim Schenken schon jetzt fest vorgenommen haben: Geld oder Gutscheine landen ganz offenbar auf deutschen Gabentischen.

Doch was 57 Prozent der Befragten offenbar für eine tolle Geschenkidee halten, ist nur gedankenlos, lieblos, einfallslos. Wer dem anderen ein paar Scheine in die Hand drückt, nach dem Motto, »du weißt am besten, was dir Freude macht«, sollte sich am Fest der Freude das Schenken lieber gleich schenken.

Das Geheimnis des Schenkens ist ja gerade, dem anderen zu zeigen, dass man seine heimlichen Wünsche ahnt, dass man sich für ihn interessiert. Geld zu geben, und mag der Betrag noch so üppig sein, ist ein Armutszeugnis und beweist letztlich, dass einem der Beschenkte gleichgültig und keiner Mühe wert ist.

»Wenig, aber mit Liebe«, rät Homer, der griechische Dichter der Antike, zum Thema Schenken. Wer sich Gedanken über Geschenke macht, landet nicht bei lästigen Pflicht- und Umtauschgeschenken, auch nicht bei teuren Angeberpräsenten, erst recht aber nicht bei Geld. Der Wert eines Geschenks misst sich nicht am

Preis, sondern daran, ob es dem Empfänger gerecht wird und wie sehr man sich in ihn hineinversetzt.

Was Schenken wirklich bedeutet, kann man aus einem Gedicht von Joachim Ringelnatz lernen: »Schenke mit Geist und ohne List. Sei eingedenk, dass dein Geschenk du selber bist.«

Traurig, dass den Leuten wenige Wochen vor dem Fest nichts Besseres einfällt als Geld und Gutscheine. Aber es bleiben ja noch genügend lange Tage bis zum Heiligen Abend, um den (vor-)eiligen Entschluss zu revidieren. Und anzufangen, mit dem Herzen zu sehen, statt bloß das Konto zu plündern. Schenken hat mit Denken zu tun, an den anderen denken und Phantasie entwickeln, bevor man irgendetwas einwickelt.

Geld ist kein Beleg für Großzügigkeit, sondern eine Bankrotterklärung der Nächstenliebe und Phantasie.

Haben Sie heute schon
die erste Kerze angezündet?

»Ihnen einen schönen ersten Advent!« Nicht nur die Kassiererin im Supermarkt verabschiedete mich gestern mit diesen Worten, auch beim Metzger und beim Obsthändler ertönte diesmal nicht die übliche Floskel: »Schönes Wochenende!« Damit hatte ich nicht mehr gerechnet, wird doch allenthalben kritisiert, dass Traditionen verschwinden, keiner mehr alte Bräuche braucht und Konsum und Kommerz alles überlagern.

Ein Kollege meinte: »Unseren Kindern ist es ganz wichtig, am Adventskranz die Kerzen zu entzünden und jeden Tag ein neues Türchen am Adventskalender zu öffnen.« Traditionen sind immer dann wieder im Trend, wenn sie uns ein Stück Heimat, Geborgenheit und Wohlgefühl vermitteln. Obwohl viele von uns wahrscheinlich gar nicht mehr wissen, was genau da eigentlich gefeiert wird.

Aus dem heiligen Nikolaus machte die geschäftstüchtige Industrie in der gnadenbringenden Weihnachtszeit den Geschenke bringenden Weihnachtsmann, und die stillen Adventswochen wandelten sich zu Glühweinorgien im Kaufrausch.

Weil das aber nicht alles sein kann, sehnen wir uns nach Ritualen, die dem Jahr einen Rhythmus und dem Leben Regeln geben. Wir brauchen solche Punkte zum Fest- und Innehalten.

Der Adventskranz, dessen erste Kerze am vierten Sonntag vor Heiligabend entzündet wird, ist übrigens jünger, als wir denken. 1839 hat ihn Johann Hinrich Wichern, der evangelische Sozialreformer aus Hamburg, in seiner Wohngemeinschaft für gefährdete Jugendliche das erste Mal aufgehängt. Groß wie ein Wagenrad, damals bestückt mit 24 Kerzen. Jede einzelne davon, so erklärte Wichern den jungen Leuten, soll auf das Ereignis von Bethlehem hinweisen, auf die Geburt von Jesus Christus, den die Bibel »Das Licht der Welt« nennt. Und daher auch der Name Advent, der lateinische Begriff für Ankunft.

Warten auf Weihnachten, das ist nicht die bleierne Langeweile wie beim Warten im Autostau, kein Magendrücken im Vorzimmer des Chefs oder die Angst im Wartezimmer des Zahnarztes. Advent ist aktives, gespanntes Warten, wie das Warten der Wärter, die von der hohen Warte eines Turmes erspähten, wer kommt.

Passen auch wir auf, damit wir das Wichtigste der Weihnachtszeit nicht verpassen!

Über sinnlosen Stress in besinnlichen Tagen

Fehlt nur noch, dass es künftig solche Karten als Weihnachtsgruß zu kaufen gibt! Vor ein paar Tagen las ich am Schwarzen Brett einer Firma die Festtagswünsche des Personalrats: »Erholsame Urlaubstage und stressfreie Weihnachten!«

Weihnachten und Stress, das passt für mich zusammen wie Heiligabend und der Osterhase. Die Karten, die wir jetzt aus dem Briefkasten holen, wünschen uns besinnliche, fröhliche oder gesegnete Weihnachten. Und genau diese Attribute gehören zum Fest der Feste.

Mehr als ein Drittel der Deutschen empfindet das Christfest als Stress, so eine Emnid-Umfrage. Bei vielen werden die Nerven dünngescheuert, wenn die eiligen Tage vor dem Heiligen Abend beginnen, der Endspurt fürs Backen, Kochen, Putzen und Geschenkekaufen.

Wie von Sinnen stürzen sich alle in den Trubel jener »besinnlichen« Tage, um auf die letzte Minute noch alles zu schaffen, und sind dann am Ende selbst geschafft. So wird Weihnachten sinnlos, im Sinne von: Es wird seinen Sinn los.

Wenn uns alles über den Kopf wächst, zerstören wir uns das lange Wochenende, das vor uns liegt. Schon die Sprache ist verräterisch: Man macht sich Stress, heißt es. Wir haben es also selber in der Hand, die kommenden Tage so zu gestalten, dass Weihnachten zum Höhepunkt der Familie und nicht zum Tiefpunkt unserer Kräfte wird.

Einen Gang rausnehmen, Pausen einlegen, nicht jeden Besorgungsgang noch erledigen wollen. Ein Anruf tut's auch, und notfalls kommen die Zimtsterne eben vom Bäcker und das Rotkraut aus der Dose.

Wir feiern Weihnachten, weil Gott uns Menschenkindern in Jesus seinen Sohn schickt. Und nicht, um dem Handel auf unsere Kosten jedes Jahr neue Rekordumsätze zu bescheren.

Was bleibt vom Fest, wenn der letzte Plätzchenteller leer ist?

Das kann doch nicht schon alles gewesen sein, die paar Stunden Stimmung bei Stollen und Zimtsternen?

Diese Frage stellen sich nicht wenige, wenn das Weihnachtsfest so langsam wieder ausklingt. Dafür die ganze Hektik der letzten Wochen, all der Stress vom Plätzchenbacken über Geschenkekauf bis hin zum Kirchenbesuch, wo man kaum einen Platz in der überfüllten Bank bekam?

Ja, was bleibt denn vom Fest der Familie und der Liebe, wenn alle Geschenke verstaut, die Kerzen heruntergebrannt, die Plätzchen verputzt sind und der Besuch sich verabschiedet hat? Was bleibt jenseits des schlechten Gewissens, weil man bei Gänsebraten, Gebäck und Rotwein wieder zu nachdrücklich zugelangt hat?

Was bleibt außer hässlichen Wachsflecken und Tannennadeln auf dem schönen Wohnzimmerteppich? Und was kommt, außer dem morgigen Stress beim Umtausch der Geschenke?

Die Musikfarbe der Radiosender wechselt bereits in der Nacht von Sonntag auf Montag Richtung Silvester. Raus mit der Besinnlichkeit, schon krachen die ersten Böller …

Was halten wir fest, wenn das Fest vorüber ist? Wer Weihnachten nicht nur an der Oberfläche von Kommerz und Konsum erlebt hat und die Tiefe der Botschaft von Bethlehem auf sich wirken ließ, ahnt etwas davon, dass Weihnachten kein bloßes Datum des Kalenders, sondern eine Sache des Herzens ist.

Wie ein Schutzengel will die Engel-Botschaft »Fürchtet euch nicht!« bei uns bleiben. Wenn ich das zulasse, dann hat die Angst keinen Raum mehr in meinem Leben. Komme, was wolle, die gute Nachricht von Glaube, Hoffnung und Liebe kann uns niemand nehmen. Nur wir selbst, indem wir verdrängen, was uns verheißen ist: »Große Freude, die allem Volke widerfahren wird.« Das trägt und hält auch in schweren Zeiten, die uns im neuen Jahr sicher nicht erspart bleiben werden.

Man muss also Weihnachten nicht einpacken wie einen Christbaumständer, um die Botschaft erst im nächsten Dezember wieder herauszuholen.

Auch das sollte eine Erkenntnis dieser Tage sein.